# ENSEÑANZA
# Y
# CONDUCTA

Jaime Ernesto Vargas Mendoza
Heriberto Alejandro Zárate Ochoa

Asociación Oaxaqueña de Psicología, A. C.
www.conductitlan.org.mx

# PRÓLOGO

CONDUCTA Y ENSEÑANZA, es la explicación de diferentes aspectos del ámbito educativo desde una visión psicológica que puede ser apoyo al profesional de la psicología, pedagogo, docente o educando a vislumbrar la importancia de planificar la enseñanza, determinar los modos de evaluación que se aplican en el aula, detectar de manera oportuna conductas inadecuadas y problemas de aprendizaje así como hacer uso de estrategias que permitan su pronta atención, sin perder de vista que la enseñanza no es característica únicamente de niveles básicos, pues en ámbitos de la educación superior es prudente reflexionar de manera constante también.

Aquellos profesionales que están en contacto con poblaciones a las que se les enseña, deben ejercer de una manera ética sus funciones dentro del aula, pues están formando a nuevos individuos que no solamente interactúan en un ambiente educativo, también se desarrollan dentro de un grupo familiar y sus conductas estarán determinadas por los contextos antes mencionados. Este libro pretende ser un referente para la comprensión de aquellos fenómenos educativos que pueden ser confusos o difíciles de afrontar. La visión conductual de este texto, permite que el entendimiento de la enseñanza sea particularmente sencilla pero bien fundamentada.

Primavera del 2019
Oaxaca, México
Heriberto Alejandro Zárate Ochoa

2

# CONTENIDO

# 1

## SISTEMATIZACIÓN DE LA ENSEÑANZA

**Heriberto Alejandro Zárate Ochoa**

Las primeras civilizaciones alcanzaron un progreso impresionante al redescubrir y transformar actividades como la caza y la recolección en crianza y cultivo. Este proceso de cambio tomo tiempo, atención y múltiples intentos para alcanzar con éxito la supervivencia de los miembros de aquellas tribus. El proceso antes mencionado transformó una actividad de beneficios pasajeros, a una donde la utilidad sería mejor y con mayor duración, esta técnica desarrollada para conseguir alimento es una antigua pero sencilla forma de apreciar que la sistematización ha sido una herramienta cuya presencia desarrolla nuevos aprendizajes en favor de la humanidad.

La sistematización cuestiona a la experiencia adquirida para poder aprender más de ella, Sergio Martinic (1998) la define como un proceso de reflexión que comprende, ordena u organiza lo que han sido, procesos y resultados de un proyecto, por su parte Barnechea, González, & Morgan (1994) comprende la sistematización como un proceso permanente y acumulativo de producción de conocimientos a partir de experiencias de intervención de una realidad social. Para Franks & Morgan (1995) es el proceso de reconstrucción y reflexión analítica sobre una experiencia, vivida personalmente, mediante el cual interpretamos lo sucedido, para comprenderlo. En conjunto se coincide que las características como la organización de un proceso continuo, la acumulación de conocimientos y la reflexión crítica que lleva a completar el objetivo inicial del proceso, son definitorias en el proceso de sistematización.

En el aspecto educativo la sistematización permite la ubicación de aspectos que al mejorarse, producirán consecuencias positivas en la calidad de la enseñanza, es ahí donde recae la importancia de este proceso, pues durante su desarrollo se promueve la reflexión sobre los procesos del propio sistema y como consecuencia hay la oportunidad de realizar cambios contundentes en el mismo. Para Mengoa (2004), sistematizar, es un proceso colectivo que se sustenta por dos acciones centrales, una de registro que utiliza la identificación, descripción y documentación de las experiencias que se dan en la gestión educativa y otra que es un proceso de reflexión colectiva continua de estas acciones, donde se evalúa y analiza la gestión educativa, identificando logros, dificultades, oportunidades y carencias.

## MODELOS DE SISTEMATIZACIÓN

Un modelo de sistematización relacionado al área educativa se compone de visiones sintéticas de teorías o enfoques pedagógicos que guían a los docentes durante la elaboración de programas de estudio. La importancia de estos modelos recae en los resultados que estos medios se supone han de producir. A continuación se presentan algunos modelos:

**Bela H. Banathy**

El modelo de este autor se basa en la ciencia a modo de construcción, involucrando a la ciencia y tecnología, esto permite ampliar las alternativas de información (Hernández, 2007). Las nuevas tecnologías educativas fungen como un conjunto de herramientas, soportes y canales para el tratamiento y acceso a la información, apoyando sus funciones de transferencia de información en la aplicación de esas tecnologías y desarrollando nuevas capacidades. Gracias al citado proceso se permite identificar de forma sistemática y continua el alcance del programa pues se alcanza a realizar una evaluación inicial así como una evaluación formativa, finalizando con un juicio de valor sobre los objetivos planteados en un principio. Los pasos del modelo son los siguientes:

1) Formulación de propósitos: Enunciar metas, propósitos y objetivos terminales.

2) Formulación de objetivos específicos de aprendizaje: Formular objetivos supuestos y caracterizar objetivos reales además de realizar una evaluación diagnóstica.

3) Planeación de la operación del sistema: Analizar componentes humanos, materiales y metodológicos, distribuir funciones a los componentes, fijar tiempos y lugares.

4) Realización y control: Implantación y evaluación del sistema.

En este modelo apreciamos un sistema orientado al aprendizaje donde el profesor es la principal fuente de información.

## Popham y Baker

Este modelo de enseñanza busca que el maestro centre su atención en el alumno. El enfoque trata de dirigirse entonces en el alumno y no en el maestro. Durante este modelo hay cuatro operaciones básicas, se destaca el poder de decisión que hace uso el maestro antes y después de impartir enseñanza y como tal es un modelo centrado en el planteamiento y la evaluación (Morales, 2016). Los pasos de este modelo son los siguientes:

1) Especificar objetivos. Los objetivos de aprendizaje que deben lograr los alumnos.

2) Evaluación inicial o previa. Se realiza una evaluación a fin de saber la situación del alumno al iniciar el curso y con vista a los objetivos.

3) Actividades. Elaboración de actividades que beneficiaran a los objetivos.

4) Evaluación final. Se realiza una evaluación teniendo como referencia a los objetivos prefijados al inicio del proceso.

La oportunidad de poder realizar modificaciones en las secuencias de instrucción es un punto favorable para este modelo, pues al obtenerse resultados negativos la secuencia puede ser mejorada, por el contrario, al obtener resultados favorables se plantean desafíos aún más complejos. Este modelo centra sus esfuerzos en poner como principal actor del proceso al estudiante, procurando que el profesor esté capacitado para conducirlo al logro de objetivos.

## Anderson y Faust

El modelo de estos autores coincide de muchas maneras con el modelo de Popham y Baker sin embargo hay la presenta de una subdivisión en ciertas fases que en el modelo de Popham aparecen más generalizadas.

El modelo va referido a metas. Los objetivos de aprendizaje deben redactarse y constituirse de manera precisa. Estos objetivos se presentan en función del comportamiento pues contienen una descripción de lo que el estudiante debe hacer o decir después de recibir instrucción. Sin embargo no todos los objetivos tienen el mismo nivel, hay objetivos principales que describen el rendimiento terminal deseado y objetivos capacitadores que mencionan las tareas y componentes de los objetivos principales.

Al finalizar la secuencia de aprendizaje habría que vigilar el logro de los objetivos, localizar defectos y determinar las razones de esos efectos, antes, durante y después de la instrucción (Díaz, 2015).

## DIAGRAMA DEL SISTEMA

Una vez que se ha decidido sistematizar el proceso de enseñanza, ha de haber una determinada estrategia así como lógica sobre las continuas actividades que se llevarán a cabo en el aula. Este modelo de sistematización requiere que todos los elementos que intervienen en el proceso de enseñanza posean una adecuada planificación, de modo que para el alumno se haya podido afianzar lo aprendido ese día en clases y se permita la apertura de nuevos aprendizajes para el día siguiente. Cabe destacar que este modelo es el principio de un proceso de producción de conocimientos que llevará a cabo una teorización más amplia y profunda.

El uso de este modelo de enseñanza implica que el docente estará capacitado para realizar sus actividades de una manera crítica, efectiva y científica, pues al conocer el temario o contenido de la clase, inmediatamente empezará a planear ¿qué dirá?, ¿cómo lo hará?, ¿de qué se apoyará?, en resumen ¿cómo va a enseñar?, para posteriormente ponerlo en práctica, verificando al final de todo este proceso la efectividad de su planeación.

El proceso de sistematización que a continuación se describirá se divide, en la programación de la enseñanza y en segundo lugar en la actuación de la enseñanza. En esta primera parte se eligen los elementos iniciales del proceso y durante la segunda se lleva a la práctica lo que con antelación se planeó.

Durante la fase de programación hay que especificar objetivos de aprendizaje, representar el dominio en el aprendizaje, elaborar instrumentos de evaluación y diseñar experiencias de enseñanza-aprendizaje, a continuación vamos a especificar cada uno de estos aspectos.

En primer lugar están los objetivos, los cuales están definidos por lo que se busca una vez concluida la sistematización y que para su redacción hay que tomar en cuenta la definición, función y el enunciado:

a) En la definición está el objetivo instruccional, ósea la meta de la institución para con sus alumnos, así como los objetivos de enseñanza y aprendizaje, es decir la conducta meta del alumno.

b) En la Función veremos si como recurso metodológico establece requisitos, permite diseñar experiencias de enseñanza-aprendizaje y finalmente logra diseñar los recursos de evaluación, por otro lado se determina si como apoyo del aprendizaje permite organizarse y motivar al alumno para conseguir un nuevo aprendizaje.

c) Finalmente el Enunciado como recurso metodológico debe expresarse con intención, se especifica la conducta, señala las condiciones y dicta criterios de ejecución. Como apoyo de aprendizaje debe ser guía de expectativas para el Alumno.

El contenido de los objetivos entonces presentará un contenido único y bien delimitado para evitar ambigüedades, así como haber fijado las características que debe tener la conducta meta para ser aceptada como evidencia de que se logró el aprendizaje.

Después de especificar los objetivos habría que representar el dominio teórico en el aprendizaje mediante definiciones, ejemplos y una red conceptual que hará uso de conceptos supraordinarios, coordinados y subordinados.

Posteriormente hay que representar el dominio práctico, cumpliendo requisitos previos con la situación de ejecución y mediante la secuencia de operaciones, lineal y ramificada. En la secuencia lineal, la enseñanza se estructura acorde a pasos que proponen metas progresivas accesibles auxiliadas de un refuerzo continuo. Por su parte en caso de que el alumno tuviera dificultad, la secuencia ramificada ofrece una secuencia auxiliar de refuerzo con pasos más pequeños que le facilita avanzar con otro paso. También el docente debe conocer los conceptos previos que manejan sus alumnos, sus necesidades, intereses, habilidades y que tipo de estrategias utilizan en la ejecución de sus tareas. Este conocimiento sobre el grupo le permitirá saber cómo pueden trabajar, cómo responden ante una actividad con tiempo prefijado, dentro o fuera del salón, y bajo cuáles estímulos aprenden mejor, Nieda (1997) menciona que la forma de enseñar no se puede separar de la concepción epistemológica que tiene el docente ni de la manera en que él cree que aprenden los alumnos.

Ahora bien, como tercer aspecto hay que elaborar los instrumentos de evaluación y para ello, en primer lugar hay que definir el tipo de pregunta pues acorde a sus características se puede elaborar la respuesta en forma de ensayo, como respuesta breve o complementación, en una segunda opción puede seleccionarse la respuesta en un Multiítem, por jerarquización, correspondencia, verdadero-falso y opción múltiple. Ahora bien el tipo de pregunta también varía de acuerdo al nivel taxonómico, ya sea conocimiento (recordando el material previamente aprendido), comprensión (al captar el significado del material, más allá de solo recordarlo), aplicación (usando el material aprendido en situaciones nuevas y concretas), análisis (subdividiendo el material dado en las diferentes partes que lo componen de manera que pueda comprenderse la estructura de su organización), síntesis (ocurriendo al formar un nuevo todo gracias a nuevos patrones o estructuras) y evaluación (al juzgar el valor del material para un propósito dado apoyándose de criterios claramente definidos).

Continuaremos con la extensión, avocándonos al tipo de pregunta, el tiempo disponible y los objetivos de evaluación. Posteriormente veremos en contenido, las conductas del dominio, los criterios de evaluación y el tipo de evaluación, este último puede ser diagnostica, formativa o sumaria.

En el Diseño de experiencias de enseñanza aprendizaje tenemos la organización del aprendizaje fundamentado en principios conductistas basados en la actividad, ejercitación, reforzamiento, graduación de la dificultad, generalización y discriminación. En los principios cognoscitivos habría que tomar en cuenta el conocimiento de objetivos, la organización configuracional y la retroalimentación.

En cuanto a las teorías de la enseñanza Chadwick (1984) expone que el conductismo se basa en el condicionamiento operante y el moldeamiento, donde el alumno es activo en relación con los arreglos contingenciales del profesor y la actividad está condicionada por las características prefijadas por el programa de estudio. Mientras que en el cognoscitivismo Ausebel (1968), habla del aprendizaje verbal significativo así como la recepción y descubrimiento, donde se presentan el desarrollo de habilidades de aprendizaje, la actuación del docente como propiciador de ambientes para la organización de esquemas y aprendizajes significativos y el alumno como activo procesador de información.

Posteriormente se realiza una evaluación diagnóstica, pues con esta no sólo sabremos la cantidad de información memorizada por los estudiantes sino también vislumbraremos otras dimensiones: contenidos, metodología empleada y medios utilizados. Los resultados de esta evaluación implicaran el revisar una vez más el plan establecido o continuar avanzando. En caso de que los resultados de la evaluación no coincidan con los objetivos iniciales se revisará nuevamente el paso 1, en busca de especificar los objetivos de aprendizaje correctamente hasta llegar una vez más a la evaluación diagnóstica, por el contrario, si se cumplen efectivamente los requisitos hay que actuar el plan de clase.

Al llegar a este paso, en primera instancia hay que preparar la clase y tener en cuenta las fases de transmisión, estas son: Motivar, para exponer los objetivos, Confirmar, ahí se interroga sobre los objetivos, Familiarizar conceptos supraordinarios, Elaborar, para exponer el tema o concepto, Consolidar en donde se proporcionan ejemplos y Verificar para interrogar sobre el tema.

El siguiente paso es una evaluación formativa que debe de poseer un objetivo determinado. Con esta evaluación podremos mejorar el programa que estemos desarrollando, no sólo con respecto al aprendizaje del alumnado sino, reiteramos, con respecto al proceso de enseñanza, la práctica docente y a la propia unidad didáctica; en caso de no cumplirse este objetivo, se realizarán correcciones a la evaluación formativa, por otro lado si el objetivo se cumple, se continuará con el plan de clase hasta llegar a la evaluación sumaria, la cual corroborará si hay dominio de lo enseñado, es decir certificamos si los objetivos educativos se han alcanzado, de ser así el proceso habrá culminado.

La estructura antes mencionada se encuentra ejemplificada en la Figura 1.1

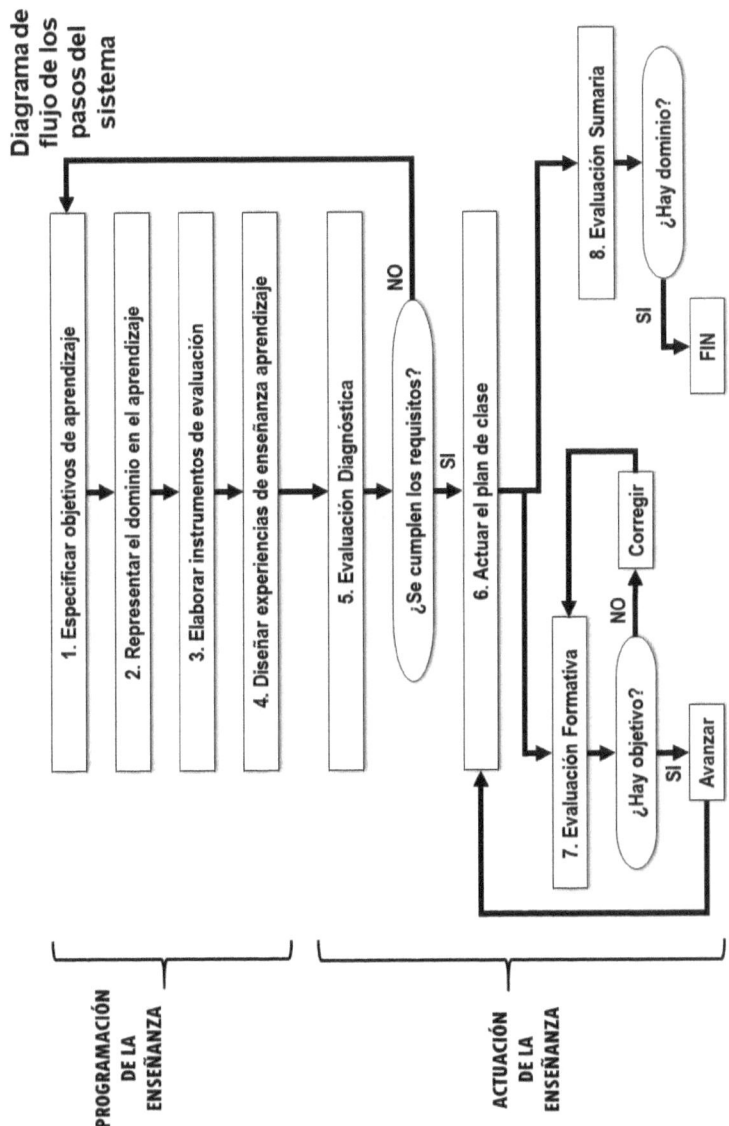

**Figura 1.1**   Diagrama de flujo de los pasos del sistema

Skinner (1970) mencionaba que los más difundidos esfuerzos por mejorar la educación, por elevar el nivel cultural, manifiestan un extraordinario descuido de la metodología. No se analiza en ellos el aprendizaje ni la enseñanza y apenas se procura hacer esta última más eficiente. La ayuda que se otorga a la educación se reduce en general a dar dinero, y los planes acerca de cómo se ha de emplear éste:

Hay que construir más y mejores escuelas; incorporar más y mejores maestros; formar mejor a los estudiantes y asegurar el que todos los niños y todos los jóvenes puedan asistir a escuelas; En cambio, aparentemente no hace falta, que nos preguntemos cómo esos nuevos profesores han de enseñar a esos mejores estudiantes en esas nuevas y más numerosas escuelas. Tal vez no puedan esperarse preguntas de esta especie en lo que está siendo, en esencia, una revolución del consumidor. En su momento Skinner escribió estas palabras ante la situación que incurría en su época, sin embargo parecería que aquellas ideas encajan a la perfección con la nuestra.

Las reformas educativas de otros tiempos fueron propuestas por educadores como Rousseau y John Dewey, quienes estaban familiarizados con los métodos de enseñanza, conocían sus defectos, y creyeron llegada una ocasión de mejorarlos. Mientras que hoy los descontentos son los padres, los empresarios y otras personas a quienes no les satisfacen los productos de la educación actual. Quizá sea natural que los consumidores se fijen en la falta de edificios, de personal y de equipo más bien que en la falta de método.

## BIBLIOGRAFÍA

Ausebel, D. (1968). Psicología Educativa. México: Trillas.

Barnechea, M., González, E., & Morgan, M. (1994). La sistematización como producción de conocimientos. Lima.

Chadwick, B. (1984). Teorias del aprendizaje para el Docente. Santiago de Chile.

Díaz, N. (8 de Julio de 2015). Obtenido de Prezi Inc.: https://prezi.com/wn4_yi4hxh3o/modelos-de-sistematizacion-del-proceso-de-ensenanza-aprendiz/

Franks, M., & Morgan, M. (1995). La sistematización apuesta por la generación de conocimientos a partir de las experiencias de promoción. Lima.

Hernández, O. (2007). Diseño Curricular e Instruccional. Ciudad Madero.

Martinic, S. (1998). El objeto de la sistematización y sus relaciones con evaluación y la investigación. Medellín.

Mengoa, A. (2004). Manual de Sistematización. Bolivia.

Morales, I. (13 de Agosto de 2016). Awesome Inc. Obtenido de Blogger.com: http://disenocurricularsuperior.blogspot.com/2016/06/modelo-de-popham-y-baker.html

Nieda, J. (1997). Un curriculo cientifico para estudiantes de 11 a 14 años. Madrid: Organización de Estados Iberoaméricanos.

Skinner, B. F. (1970). Tecnología de la Enseñanza.

# 2

## LA EVALUACIÓN EN EL AULA

### Jaime Ernesto Vargas Mendoza

La evaluación ha sido una práctica milenaria en diversas culturas. Abbagnano (1992) cita algunos de los procedimientos que fueron usados en China entre el tercer y segundo milenios antes de Cristo, aproximadamente, para seleccionar funcionarios, que "...con el tiempo acabó por desarrollarse un complicado sistema de exámenes estatales, que eran la única puerta de acceso a los diversos grados de la administración pública..."

En las Universidades de la edad Media, se evaluaba a los estudiantes con exámenes orales y se aplicaban de forma abierta, llevándose a cabo con el visto bueno del maestro y en presencia de tribunales especializados. Durante el siglo XVIII, surge la necesidad de comprobar los méritos individuales y se van elaborando normas sobre la utilización de exámenes escritos, siendo poco objetivos y fiables, todo esto porque se estaba incrementando la demanda para ingresar a la educación.

En el siglo XIX la evaluación respondía a prácticas que se basaban en instrumentos; aparecen los diplomas de graduación, surge un sistema de exámenes de comprobación que se elaboraban de acuerdo con los requerimientos de la sociedad de esa época. Con esta herencia que dejó el siglo XIX a la evaluación, en las primeras décadas del siglo XX los expertos continuaban con la convicción de aplicar nuevas pruebas (SEP, 2013). A principios del siglo XX se consideró que podían usarse pruebas objetivas para estudiar y mejorar los resultados de la educación, así como para encargarse del diagnóstico y la colocación de estudiantes de acuerdo con sus necesidades de aprendizaje. En la década de los 80's hubo un énfasis en la aplicación de pruebas estandarizadas, en el contexto de la responsabilización (accountability), es decir, bajo la idea de que es responsabilidad de la escuela (directivos y maestros), el progreso académico de los estudiantes (Shepard, 2006).

Este movimiento que pugnaba para que se aplicaran pruebas de rendimiento escolar, se inició en 1908 con la publicación por Thornidike y sus alumnos de pruebas de aritmética y escritura, ya que se consideraba que las escuelas estaban fallando y se requería de la elaboración de instrumentos para documentar la necesidad de mejorarlas y establecer el rumbo para lograrlo. Así, los exámenes objetivos se consideraron como un remedio para la falta de confiabilidad de los exámenes que hacían los maestros y que había quedado demostrada en varios estudios anteriores (Thornidike, 1922). La historia de la evaluación educativa se ha sistematizado para hablar de un periodo pre-tyleriano y un periodo pos-tyleriano. El primero va, aproximadamente, desde el año 2000 a.C. hasta 1930. El segundo, de 1945 a nuestros días, donde la evaluación educativa se ha profesionalizado.

Ralph Tyler (nacido en Chicago en 1902 y fallecido en San Diego en 1994) fue quien acuñó el término *evaluación educacional*. Por ello y por la contribución de su obra, se le conoce merecidamente como "el padre de la evaluación educativa". El modelo tyleriano, también llamado modelo orientado hacia los objetivos, constituye el primer modelo sistemático de evaluación educacional. Consiste en comparar los resultados con los objetivos de comportamiento que se diseñaron con anterioridad (Pimienta, 2008). Las etapas del modelo se presentan a continuación en la Figura 2.1

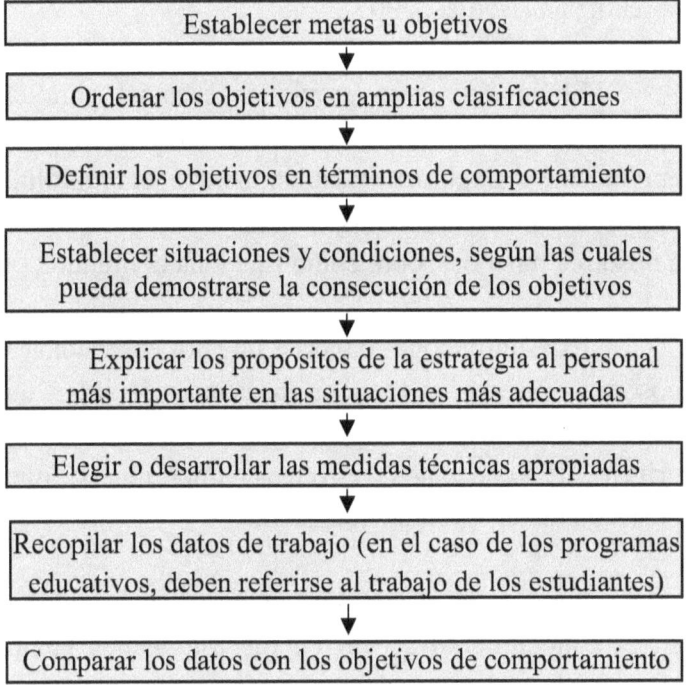

**Figura 2.1** Modelo de Tyler

El empleo de pruebas estandarizadas para valorar el aprendizaje escolar, actualmente se puede comprender en tres momentos o instancias: la evaluación diagnóstica, la evaluación formativa y la evaluación sumaria. Veamos de qué se trata.

## EVALUACIÓN DIAGNÓSTICA

La evaluación diagnóstica es la "actividad valorativa que permite recoger información de qué sabe el alumnado, cuál es el desarrollo de sus capacidades, sobre un determinado ámbito del conocimiento del que se quiere iniciar un nuevo aprendizaje (Bordas, 2005).

El conocimiento previo es esencial para el aprendizaje. Este conocimiento previo incluye el aprendizaje formal, pero también incluye una multitud de explicaciones implícitas, las cuales nos enseñamos a nosotros mismos, sobre cómo funciona el mundo.

Estas intuiciones o teorías que nos enseñamos a nosotros mismos pueden en ocasiones facilitar un nuevo aprendizaje, aunque también pueden ser el origen de conceptos erróneos importantes que obstaculizan el aprendizaje nuevo.

Las estrategias eficaces de enseñanza se basan en el conocimiento previo de los estudiantes como recurso. Este conocimiento previo es más que un conjunto de hechos que un estudiante ha acumulado en su casa y en grados anteriores.

El conocimiento previo también incluye patrones de lenguaje y formas de pensar que los estudiantes desarrollan por medio de sus roles sociales y sus experiencias culturales (Shepard, 2006).

Objetivos de la Evaluación Diagnóstica:

- Conocer y valorar, a través de la evaluación de las competencias básicas, el grado de logro de los objetivos educativos.

- Analizar los factores y variables relacionados con los procesos educativos y los factores de contexto que inciden en la adquisición y el desarrollo de las competencias básicas.

- Facilitar a los centros docentes una información suficiente y relevante que les sirva para organizar las medidas y programas necesarios dirigidos a mejorar la atención al alumnado y a garantizar que alcance las correspondientes competencias básicas, así como a valorar y reorientar, si procede, las actuaciones desarrolladas en cursos anteriores.

- Promover procesos de reflexión y mejora en los centros docentes que les permita valorar y asumir responsabilidades en las mejoras relativas a su organización, funcionamiento y resultados.

- Proporcionar a la administración educativa información suficiente, objetiva y relevante que le permita tomar decisiones orientadas a la mejora de la calidad del sistema educativo.

- Facilitar a las familias información relevante acerca del grado de adquisición de las competencias por parte de su hijo o hija, con el fin de motivar y facilitar su mejora.

- Favorecer la cooperación e integración de los esfuerzos de todos los componentes de la comunidad educativa y de los diferentes servicios de apoyo para la mejora del rendimiento del alumnado.

Las técnicas e instrumentos para llevar a cabo la evaluación inicial-diagnóstica, aunque no hay clasificaciones conocidas, sí vamos a referirnos a las características que deben tener, esto es, deberán servir para dar respuesta a la doble finalidad con que se plantea dicha evaluación.

No hay que olvidar que la función diagnóstica de la evaluación inicial permite realizar una exploración del estado de la situación o de necesidades que nos aporte datos referidos al alumno en general, cuya finalidad es orientar el proceso de aprendizaje que se va a iniciar.

Para ello es necesario utilizar técnicas e instrumentos de evaluación que permitan conocer *cómo son* y *qué saben* los alumnos antes de iniciarse el nuevo curso. No solo nos interesa saber los aspectos deficitarios del escolar, sino también sus puntos fuertes y sus potencialidades (Castillo & Cabrerizo, 2010).

## EVALUACIÓN FORMATIVA

La evaluación formativa "permite seguir el ritmo de aprendizaje del alumnado a fin de poder proporcionarle, si es necesario, la asistencia pedagógica precisa" (Bordas, 2005). Para que los docentes sean eficaces en reforzar el aprendizaje de los estudiantes, deben comprobar constantemente la comprensión que éstos vayan logrando.

La evaluación formativa se define como la evaluación llevada a cabo durante el proceso de enseñanza con el fin de mejorar la enseñanza o el aprendizaje. La evaluación formativa puede implicar métodos informales, tales como la observación y las preguntas orales o el uso formativo de medidas más formales como exámenes tradicionales, elaboración de ensayos y evaluaciones del desempeño.

La función pedagógica de la evaluación permite identificar las necesidades del grupo de alumnos con que trabaje cada docente, mediante la reflexión y mejora de la enseñanza y del aprendizaje. También es útil para orientar el desempeño docente y seleccionar el tipo de actividades de aprendizaje que respondan a las necesidades de los alumnos.

Sin esta función pedagógica no se podrían realizar los ajustes necesarios para el logro de los aprendizajes esperados, ni saber si se han logrado los aprendizajes de un campo formativo o de una asignatura, a lo largo del ciclo escolar o al final del nivel educativo.

La función social de la evaluación está relacionada con la creación de oportunidades para seguir aprendiendo y la comunicación de los resultados al final de un periodo de corte, también implica analizar los resultados obtenidos para hacer ajustes en la práctica del siguiente periodo. Esto es, las evidencias obtenidas del seguimiento al progreso del aprendizaje de los alumnos, así como los juicios que se emitan de éste, serán insumos para la toma de decisiones respecto al mejoramiento de los aprendizajes de los alumnos. Desde este enfoque, una calificación y una descripción sin propuesta de mejora son insuficientes e inapropiadas para mejorar el proceso de enseñanza y de aprendizaje (SEP, 2012).

La Función principal de la evaluación es la función orientadora. Aunque muchos educadores la pasan por alto y se concentran en el aspecto cuantitativo de la calificación, su rol es evaluar los aprendizajes del alumno y lo hace utilizando los resultados de la información recogida para guiar al estudiante al logro de sus metas de aprendizaje, es ahí donde entra la evaluación formativa como parte de la función orientadora de la evaluación.

La función orientadora ayuda a elaborar proyectos y programas al orientar sobre aspectos básicos que el alumno debe alcanzar. Esta función está íntimamente ligada al momento de evaluación inicial y a los efectos que de ella se extraen: diagnóstico y pronóstico.

Dentro de esta función orientadora vamos a considerar el diagnóstico por su doble papel orientador. La evaluación diagnóstica es un proceso que pretende determinar:

a) Si los alumnos poseen los requisitos para iniciar el estudio de una unidad o curso.

b) En qué grado los alumnos han alcanzado ya los objetivos propuestos en la unidad o curso (conocimientos, habilidades, destrezas, etc.).

c) La situación personal: física, emocional y familiar en que se encuentran los alumnos al iniciar el curso o una etapa determinada.

Si analizamos los aspectos que pretenden conocerse a través de la evaluación diagnóstica, caeremos en la cuenta, de que por su carácter de antecedentes básicos que el maestro necesita tener presente antes de realizar cualquier actividad, la evaluación diagnóstica deberá llevarse a cabo al inicio del curso y de cada unidad si se considera necesario.

Algo también de suma importancia serán los datos que a través de la evaluación diagnóstica podamos obtener acerca de las características familiares, físicas y emocionales de nuestros educandos. Según se trata del aprendizaje o la enseñanza, la evaluación cumple unas funciones claras y determinantes en el sistema educativo:

- Diagnóstico, porque determina situaciones reales y de partida en un momento determinado.
- Pronóstico, porque permite formular hipótesis de trabajo.

Sadler (1989) aportó el modelo más aceptado de la evaluación formativa. Este autor indicó que es insuficiente que los maestros simplemente den una retroalimentación respecto de si las respuestas son correctas o incorrectas. En vez de ello, para facilitar el aprendizaje, es igualmente importante que la retroalimentación esté vinculada explícitamente a criterios claros de desempeño y que se proporcione a los estudiantes estrategias de mejoramiento.

Este modelo de evaluación formativa fue explicado más ampliamente en un reporte reciente de Atkin, Black y Coffey (2001) sobre evaluación en ciencias en el aula. Estos autores construyen el proceso de evaluación del aprendizaje con estas preguntas clave:

- ¿Adónde tratas de ir?
- ¿Dónde estás ahora?
- ¿Cómo puedes llegar ahí?

Al responder la pregunta de evaluación (la No.2, ¿dónde estás ahora?) en relación con el objetivo de la enseñanza (pregunta No. 1) y dedicándose específicamente a lo que se necesita para alcanzar el objetivo (pregunta No. 3), el proceso de evaluación formativa respalda directamente el mejoramiento.

Así, el modelo de evaluación formativa es más que una etapa de recolección de datos. Es un modelo para el aprendizaje que corresponde directamente a la Zona de Desarrollo Próximo (ZDP) y a la teoría sociocultural del aprendizaje. Tal como lo visualizó Vygotsky (1978), la Zona de Desarrollo Próximo es la región, en un continuo imaginario de aprendizaje, entre lo que un niño puede hacer de manera independiente y lo que ese mismo niño puede hacer si lo ayudan.

Wood, Bruner & Ross (1976) desarrollaron además la idea del andamiaje (scaffolding), que se refiere a la técnica mediante la cual el maestro modela la tarea o la estrategia deseada del aprendizaje y luego traslada gradualmente la responsabilidad a los estudiantes.

### Retroalimentación

Uno de los hallazgos más antiguo de la investigación psicológica es que la retroalimentación facilita el aprendizaje. Sin retroalimentación es probable que el que aprende persista en cometer los mismos errores. Kluger & DeNisi (1996) descubrieron que es más probable estimular el aprendizaje cuando la retroalimentación se enfoca en ciertos aspectos de la tarea y destaca los objetivos de aprendizaje.

De acuerdo con evidencias de la investigación, es un error hacer elogios falsos, tratando de motivar a los estudiantes y aumentar su autoestima. Al mismo tiempo, la retroalimentación negativa directa, sin consideraciones, puede minar el aprendizaje y la disposición del estudiante a esforzarse más.

La retroalimentación es especialmente eficaz cuando dirige su atención a cualidades particulares del trabajo del estudiante en relación con criterios establecidos y proporciona una guía sobre qué hacer para mejorar. Además, los maestros deben establecer un clima de confianza y desarrollar normas en clase que posibiliten la crítica constructiva.

Esto significa estratégicamente que la retroalimentación debe ocurrir durante el proceso de aprendizaje (y no al final, cuando ya se terminó el aprendizaje de ese tema). Maestro y alumnos deben tener una comprensión compartida de que la finalidad de la retroalimentación es facilitar el aprendizaje y puede significar que la calificación debe quedar en suspenso durante la etapa formativa.

En un estudio de intervención, Elawar & Corno (1985) descubrieron que los maestros mejoraban extraordinariamente la eficacia de la retroalimentación cuando se concentraban en estas preguntas: "¿Cuál es el error principal? ¿Cuál es la razón probable de que el estudiante cometiera este error? ¿Cómo puedo guiar al estudiante para que evite el error en un futuro?" (p. 166) (Shepard, 2006).

**Transferencia**

La transferencia se refiere a la capacidad de utilizar nuestro conocimiento en contextos nuevos. La transferencia es obviamente una meta del aprendizaje. ¿De qué sirve el conocimiento si no podemos acceder a él o no podemos aplicarlo? Sin embargo, los estudios de la capacidad de los estudiantes para utilizar información pertinente incluso de una lección reciente en la que hubo aciertos son notoriamente decepcionantes. La transferencia se ve inhibida cuando los estudiantes aprenden de memoria y se someten a rutinas mecánicas para resolver problemas sin pensar.

Dar clases para que haya transferencia requiere que la enseñanza inicial se centre en la comprensión. También significa trabajar ostensiblemente para ampliar la comprensión de los estudiantes. Por ejemplo, debe ser algo común, tan pronto como se vea que los estudiantes han dominado un nuevo tipo de problema o una manera de resolver problemas, que los maestros hagan una nueva pregunta relacionada con ese conocimiento con el fin de ampliarlo.

Una de las razones por la cual los expertos tienen mejores habilidades de transferencia que los novatos, es porque son capaces de reconocer peculiaridades de los problemas que son las mismas y diferentes a las de problemas resueltos con anterioridad. Por consiguiente, es importante que los estudiantes aprendan a pensar específicamente sobre cómo pueden utilizar lo que ya saben (Shepard, 2006).

## EVALUACIÓN SUMARIA

La evaluación sumaria, "permite detectar si el alumno ha aprendido, ha conseguido, las intenciones educativas planteadas para un periodo de tiempo previsto, durante el cual se debería llevar a cabo los aprendizajes (Bordas, 2005). Si están construidas sobre el mismo modelo fundamental de desarrollar competencia en un campo del conocimiento, entonces es posible que las prácticas formativas y sumarias de evaluación alcancen coherencia y que se respalden mutuamente. Lo que maestros y estudiantes necesitan más, son evaluaciones sumarias que sirvan para verificar la consecución de logros importantes en la adquisición de competencias por parte de los estudiantes y estas se relacionen con los mismos continuos de desempeño que se utilicen en la evaluación formativa.

Los principios sobre lo apropiado de las calificaciones en función de la edad, indican que las calificaciones deberían ser mucho menos importantes en la vida del aula en la escuela primaria, de lo que son para los estudiantes de secundaria y preparatoria. Cuando los estudiantes llegan a la secundaria, hay una expectativa mayor de que las calificaciones tengan significado para un público externo. Por ejemplo, una calificación alta en Lengua y Literatura debería implicar que el estudiante puede escribir una composición bien organizada y un promedio de calificaciones de nueve debe significar que un alumno del último año de preparatoria está bien preparado para el trabajo universitario.

En esta línea de pensamiento, la NAEYC (Asociación Nacional para la Educación de Niños Pequeños, por sus siglas en inglés), concluyó que para los niños en los primeros grados "El método de presentar informes a los padres no (debe) depender de las calificaciones con letras o números, sino que más bien (debe) proporcionar una información más significativa y descriptiva de manera narrativa" (p. 15).

El contenido de las pruebas (qué se evalúa y cómo se evalúa) y el contenido de las tareas que se evalúan para un grado, comunican los objetivos de la enseñanza a los estudiantes y hacen que centren su atención y esfuerzo. El solo dar puntos por tareas no garantiza que pongan atención, si la calidad del trabajo nunca se examina (véase Lorsbach et al, 1992). Es por eso que diversos estudios concuerdan en que el otorgar calificaciones es un proceso muy complejo en la toma de decisiones por parte del profesor, en donde influyen factores internos y externos (Sri Widiastuti, 2018).

También hay que decir que la naturaleza del logro en cada una de las disciplinas no puede ser representada adecuadamente por preguntas de bajo nivel, en las que solo se recuerda la información.

La reforma de la evaluación ha sido parte integral de la reforma educativa a causa de la necesidad de involucrar a los estudiantes en tareas auténticas con el fin de desarrollar, usar y extender su conocimiento. Un trabajo más significativo dirigido a la comprensión conceptual no sólo proporciona mejores datos de evaluación acerca de cuán bien se desempeñan los estudiantes, sino que también tiene beneficios cognitivos y motivacionales.

Las tareas auténticas que requieren un pensamiento de más alto nivel y una activa solución de problemas también incrementan la motivación del estudiante porque son intrínsecamente más interesantes que la memorización o la aplicación de procedimientos sencillos (Stipek, 1998). Además, las tareas estimulantes aumentan la motivación intrínseca al intensificar el sentimiento de competencia en los estudiantes.

Así, el mejor sistema sería aquel en el que las evaluaciones sumarias y formativas estuvieran mutuamente alineadas con objetivos de aprendizaje orientados conceptualmente y en el que las evaluaciones sumarias se utilizaran como momentos importantes de logro (quizá reconocidos por la familia y los amigos) después de felices periodos de aprendizaje reforzados por la evaluación formativa (Shepard, 2006).

En la Tabla (2.1) siguiente hay un resumen de las características de los tres tipos de evaluación.

| FINALIDAD | MOMENTO | OBJETIVOS | DESICIONES A TOMAR | CUANDO EVALUAR |
|---|---|---|---|---|
| DIAGNÓSTICA ¿Qué pasa? | Inicial | *Identificar las características y conocimientos previos de los participantes (intereses, necesidades, expectativas, debilidades). *Identificar las características del contexto (posibilidades, limitaciones, necesidades, etc.) *Valorar la pertinencia, adecuación y viabilidad del programa. | *Admisión, orientación, establecimiento de grupos de aprendizaje. *Adaptación-ajuste e implementación del programa. | Al comienzo de una fase. |
| FORMATIVA ¿Qué está pasando? | Continua | *Mejorar las posibilidades y procesos de aprendizaje de los participantes. *Dar información sobre su evolución y progreso. *Identificar los puntos críticos en el desarrollo del programa. *Optimizar el programa en su desarrollo. | *Adaptación de las actividades de enseñanza-aprendizaje (tiempo, recursos, motivación, estrategias, rol, docente, etc.). | Durante el aprendizaje |
| SUMATIVA ¿Qué pasó? | Final | *Valorar la consecución de los objetivos así como los cambios producidos, previstos o no. *Verificar el valor de un programa de cara a satisfacer las necesidades previstas. | *Promoción, certificación, reconsideración de los participantes. *Aceptación o rechazo del programa. | Al término |

**Tabla 2.1** Los tres tipos de evaluación

## EVALUACIONES EXTERNAS Y EN GRAN ESCALA

Las evaluaciones nacionales, estatales y distritales se utilizan para reunir datos con el fin de dar respuesta a las preguntas de los hacedores de políticas a cierta distancia del aula. No obstante, en una era de rendición de cuentas basada en pruebas de alto impacto, las pruebas externas pueden tener también profundos efectos en las prácticas del aula. Idealmente, una evaluación externa que estuviera bien alineada con objetivos de aprendizaje ricos desde un punto de vista conceptual, tendría impactos positivos en la enseñanza si ilustrara metas significativas de aprendizaje, pues proporcionaría una retroalimentación útil a los maestros sobre las fortalezas y las debilidades curriculares y asimismo, verificaría logros de estudiantes individuales.

En un tratamiento más extenso tanto de los efectos positivos como de los negativos de las pruebas de alto impacto, Shepard et al (2005) concluyen que existen dos factores que parecen intervenir en la forma en que las pruebas externas remodelan el currículo. El primero es cuán idóneo es el contenido de las pruebas para captar los objetivos del aprendizaje y el segundo, es la capacidad del docente para mantener en el aula la enseñanza concentrada en el verdadero aprendizaje. Con base en estas lecciones de la literatura que investiga cómo se enseña para la prueba, identificamos estrategias que ayudan a mantener enfocada la atención de los estudiantes en el aprendizaje, las cuales son consistentes con la visión de la evaluación formativa de la cultura en el aula.

Así, además de la coherencia de contenido entre las pruebas internas y las externas, buscamos preservar una coherencia filosófica entre las actitudes hacia el aprendizaje y la evaluación, las cuales son trasmitidas durante las clases normales y la actitud que uno adopta hacia el aprendizaje cuando se prepara para las pruebas externas.

La idea fundamental es poner atención en la prueba sólo en la medida en que ésta se relacione con el currículo, más que detenerse en la prueba y dejar que ésta se convierta en el centro de la planeación de la enseñanza. Tal posición permite a los maestros utilizar los resultados de las pruebas para hacer sólo las mejoras apropiadas y necesarias en el currículo y la enseñanza (Shepard, 2006).

En México, la inconformidad que han manifestado amplios sectores de la sociedad respecto a la calidad de la educación, ha impulsado la creación del Centro Nacional de Evaluación para la Educación Superior (CENEVAL), que es un organismo destinado a poner en práctica, de manera cotidiana y permanente, lo que en el marco de los conceptos, las políticas y las directrices del sistema educativo se ha expresado como prioridad: el mejoramiento cualitativo y el propósito de intensificar los procesos de evaluación.

Así, el CENEVAL nace con el propósito de participar en la solución de los problemas que dan origen a ese amplio y diverso estado de inconformidad en que vivimos los mexicanos. La evaluación de la educación mexicana es una tarea que requiere la participación de todos los implicados.

Es conveniente evaluar los programas educativos tanto desde la perspectiva interna, como desde la perspectiva externa. También se establece la necesidad de orientar la evaluación hacia los componentes, los procesos, los resultados y los efectos de cada programa educativo. Por supuesto, también se recomienda distinguir las especificidades de cada función de la educación superior (docencia, investigación, extensión y difusión; administración y gobierno).

El CENEVAL debe aportar evidencias relativas al aprendizaje que logran los estudiantes, las cuales ayudan a evaluar el quehacer de las instituciones de educación superior. La calidad de un programa educativo se mide, entre otras cosas, a partir del aprendizaje que logran los estudiantes. La evaluación de ese aprendizaje es algo fundamental (Gago, 2000).

Para alcanzar su cometido, el Centro se dedica, principalmente, a elaborar exámenes y pruebas de conocimientos y habilidades. El uso de los exámenes del CENEVAL es voluntario y son las instituciones educativas las que determinan las repercusiones y efectos que tendrán los resultados y la información que les proporciona el CENEVAL.

Los exámenes del CENEVAL no pretenden explorar en forma cabal y exhaustiva todos los posibles objetivos y finalidades de un programa educativo, pero sí aquellos que se consideran básicos, indispensables o esenciales en cada programa. El CENEVAL se aboca a establecer el "mínimo esencial" de conocimientos y habilidades que debería alcanzarse en todo programa de licenciatura, de bachillerato o de educación secundaria. El principal propósito, a final de cuentas, es evitar que haya programas por debajo de los "mínimos esenciales".

BIBLIOGRAFIA

Abbagnano, N. V. A. (1992) Historia de la pedagogía. México, Fondo de Cultura Económica.

Atkin, J. M., Black, P. & Coffey, J. (2001) Classroom assessment and the National Science

Education Standards. Washington, DC: National Academy Press

Bordas, I. (2005) "La evaluación educativa". En Psicopedagogía para docentes. Madrid, UNED

Castillo Arredondo, S. y Cabrerizo Diago, J. (2010) Evaluación educativa de aprendizajes y competencias. PEARSON EDUCACIÓN, S.A. Madrid

Elawar, M. C. & Corno, L. (1985) A factorial experiment in teachers' written feedback on student homework: Changing teacher behavior a little rather than a lot. Journal of Educational Psychology, 162-173

Gago, A. (2000) El CENEVAL y la evaluación externa de la educación en México. Revista Electrónica De Investigación Educativa, 2 (2).
Recuperado el 31 de enero del 2019 en: http://redie.uabc.mx/vol2no2/contenido-gago.html

Kluger, A. N. & De Nisi, A. (1996) The effect of feedback interventions on performance:
A historical review, a meta-analysis, and a preliminary feedback intervention theory. Psychological Bulletin, 119, 254-284

Lorsbach, A. W., Tobin, K., Briscoe, C. & LaMaster, S. U. (1992) An interpretation of assessment methods in middle school science. International Journal of Science Education, 14 (3), 305-317

Pimienta, J. H. (2008) Evaluación de los aprendizajes: Un enfoque basado en competencias. México: Pearson Educación de México, S.A. de C.V.

Sadler, R. (1989) Formative assessment and the design of instructional assessment.
Instructional Science, 18, 119-144

SEP Gobierno Federal – México (2012) El enfoque formativo de la evaluación.
SEP Gobierno Federal – México (2013) La evaluación en la escuela.

Shepard, L. A. (2006) La evaluación en el aula. En: Brennan, R.L. (ED.): Educational Measurement.
Ch. 17, ACE/ Praeger Westport

Shepard, L., Hammerness, K., Darling-Hammond, L., & Rust, F. (2005) Assessment. En: L. Darling-Hammond & J. Bransford (Eds.), Preparing teachers for a changing world: What teachers should learn and be able to do. Pp. 275-326. San Francisco: Jossey-Bass.

Sri Widiastuti, I. A. Md. (2018) Teachers' classroom assessment and grading practices. SHS Web of Conferences, 42, 00052. Recuperado el 5 de febrero en: https://doi.org/10.1051/shsconf/20184200052

Stipek, D. (1998) Motivation to learn: From theory to practice, 3a ed.,. Boston: Allyn & Bacon

Thorndike E. L. (1922) Measurement in education. En Twenty-first yearbook of the National Society for the Study of Education. Parte I, pp. 1-9. Bloomington, Il: Public School Publishing

Vigotsky, L. S. (1978) Mind in society: The development of higher psychological processes. Cambridge, MA: Harvard University Press.

Wood, D., Bruner, J. S. & Ross, G. (1976) The role of tutoring in problem-solving. Journal of Child Psychology and Psychiatry, 17, 89-100

# 3

## MANEJO DE CONDUCTAS INADECUADAS EN EL AULA: ESTRATEGIAS PARA DOCENTES

**Wendy Cristina Hernández Martínez y**

**Carmen del Rosario González Zaizar**

La escuela, entre otras cosas, genera mecanismos de disciplina, que sientan las bases por las que todos los alumnos y alumnas deben responder y comportarse en las distintas situaciones y contextos que suceden dentro del establecimiento. Uno de estos espacios y quizá uno de los principales, es el aula.

En el aula interactúan alumnos y maestros, con el fin de establecer procesos de enseñanza-aprendizaje, sin embargo, antes de lograr esto, es fundamental, elaborar y establecer pautas de manejo conductual, generar ese ambiente organizado, donde los docentes cuenten con estrategias para enseñar conductas apropiadas, así como manejar las conductas problemas dentro del aula.

El manejo del aula es una tarea que requiere comprender que los alumnos y alumnas no reconocen de manera instintiva lo que se espera de ellos, sino que se requiere que se les enseñe y se les proporciones retroalimentación positiva y constructiva hasta que la conducta se convierta en una parte automática de la rutina diaria dentro de la sala.

"Los niños necesitan que su ambiente estructure externamente lo que ellos no pueden estructurar internamente. Los humanos somos seres de hábitos y estos se aprenden por repetición y con ejemplos (no mágicamente)".

El manejo conductual en el aula, es una tarea que requiere de esfuerzo, perseverancia y dedicación para ser implementado de manera eficaz en el salón, donde el docente tiene un rol fundamental para apoyar a sus alumnos.

A continuación se ofrecerán diversas estrategias simples pero eficaces para mejorar los resultados de la conducta, ya sea para la totalidad del grupo o para algunos alumnos que presentan conductas inadecuadas.

## CONCEPTOS BÁSICOS

### Disciplina

Es un conjunto de reglas de comportamiento para mantener el orden y la acción adecuada de un grupo. La disciplina no trata de generar miedos a una autoridad, se trata de generar respeto y confianza en la persona que guía. Es importante recordar que los docentes y la escuela también forman parte de la autoridad. Cuando se minimiza la autoridad del maestro, minamos para el niño el respeto a la autoridad en general. Los maestros dejan de ser maestros, para convertirse en cuidadores al servicio de ellos. Bajan al título de nanas a sueldo (véase tabla 3.1).

| Educar | Enseñar |
|---|---|
| • Es guiar al niño en su proceso de maduración a través del reconocimiento y el respeto hacia su individualidad. acompañarlo hasta que se convierta en adulto y encuentre, en libertad, su destino. | • Comunicar conocimientos, ideas, experiencias, habilidades o hábitos a una persona que no los tiene. |
| • Es darle a alguien las herramientas para que pueda procurarse, buscar y encontrar por sí mismo las cosas que necesita, esquivando algunos obstáculos. | • La pedagogía actual ha cambiado y también pretende el niño llegue a esos conocimientos por sí mismo, brindándole las herramientas. |

**Tabla 3.1** Educar y Enseñar características

## LOS MAESTROS COMO MODELADORES

- Método del ejemplo: harás todo lo que yo hago
- Método de la enseñanza: yo te explico cómo se hace
- Método de la motivación: yo te señalo el camino

CONCLUSIÓN: SI NO PUEDO OBLIGARLO, LO QUE QUEDA ES CONVENCERLO "SI NO HACES LA TAREA ENTONCES... TE REPRUEBO..."

LA CONTRAPARTE: PREMIOS Y SOLO PREMIOS "SI TRAES BUENAS CALIFICACIONES, TE REGALARE UN JUGUETE"

**LA CLAVE ES: QUE HAGAN LO QUE SE PIDE NO POR COACCION DE CASTIGO, NI POR TENTACION DE PREMIOS, SINO POR COMPRENDER QUE ES LO MEJOR PARA ELLOS (MOTIVACION)... QUE ASUMAN LAS CONSECUENCIAS Y BENEFICIOS REALES.**

## Planeación

**A. Objetivos de clase establecidos por el docente.** Cuáles son los objetivos de la planificación de la asignatura para los alumnos y alumnas de la clase.

**Pauta de trabajo**

1. ¿Cuáles son mis expectativas con los/as alumnos/as?
2. ¿Qué pretendo lograr con mis clases?
3. ¿Qué quiero que aprendan?
4. ¿Cuáles son mis metas durante este año?

## B. Definir las expectativas de conductas de la clase

Tras elaborar los objetivos para la clase, es necesario presentarlos a los alumnos, así como el rol que cada uno de ellos debe cumplir para que dicha planificación funcione de manera óptima, estableciendo las expectativas de conducta, reglas en lenguaje claro para ellos, concretas, entendibles y redactadas en positivo para que sirvan de guía para el comportamiento permitido en el aula (véase tabla 3.2).

| Expectativas de Conducta | |
|---|---|
| No hablar mientras el profesor explica | No pegarle al compañero |
| **POR** | **POR** |
| • Mantener el silencio en la sala<br>• Escuchar al profesor mientras explica<br> | • Resolver los problemas conversando<br>• Respetar a los compañeros<br>• Se amable con tus compañeros y compañeras<br> |

**Tabla 3.2** Expectativas de conducta

**C. Enseñar las expectativas de conductas a la clase**

En esta meta se comparte la información con los alumnos (as), de esta forma conocerán lo que se espera de ellos y su comportamiento y el docente podrá reforzar las conductas que crea adecuadas y necesarias para culminar con éxito el ciclo escolar.

## ESTRATEGIAS PARA EL MANEJO CONDUCTUAL

Las estrategias para manejo del aula, permiten tener distintas herramientas o métodos que establecen y facilitan las formas que tiene el docente para llevar a cabo en la sala de clases, sobre todo, cuando el comportamiento de los alumnos (as) afecta el desarrollo de clase y el proceso de enseñanza aprendizaje efectivo.

### 1. Expectativa de Conducta y Compromiso

Escritos en sentido positivo hacia una buena conducta, ejemplo:
En vez de poner, no pegarles a mis compañeros, escribir, respetar a mis compañeros.

Se puede dar margen a evaluar si el alumno considera se le hará difícil cumplirlo (véase figura 3.1). Se guardarán y se utilizarán eventualmente para retroalimentar acerca del compromiso adquirido. Se sugiere también que el docente elabore su compromiso.

Utilizar al inicio del ciclo escolar y después para darle seguimiento.

Ejemplo:

**MI COMPROMISO**

*En la sala de clases yo me comprometo a*

_____

_____

_____

_____

_____

_____     _____

*Firma*          *Nombre*

**COMPROMISO DEL DOCENTE**

Yo _____ del curso _____, me comprometo a que en mi labor como docente, durante esta clase:

✓ _____
✓ _____
✓ _____
✓ _____
✓ _____
✓ _____
✓ _____

Este es un acuerdo que tomé con el curso el día _____, y espero cumplirlo con responsabilidad.

_____
Firma

**Figura 3.1**

## 2. Establecer una señal de alerta

Se trata de atraer la atención de los alumnos cuando se requiera para dar alguna información, anuncio y generar el respeto y escucha atenta, Puede ser:

- Verbal
- Un objeto
- Sonido

a) Se explicara a los alumnos sobre la señal de alerta que se empezará a utilizar que significa que el docente requiere de su completa atención.

b) Se mostrara la señal cuando se requiera y se agradecerá a los alumnos por la atención prestada.

c) Se dará la información que se necesita y continuaran con su trabajo en clase.

Ejemplo verbal: "Atención por favor"

### Juego de la Tarjeta

(Tarjetas roja y verde de aproximadamente 28 x 20 cm.)

Objetivo:

- Se busca que los estudiantes intenten en conjunto obtener un buen comportamiento para después obtener un premio por el desempeño obtenido.

Procedimiento:

- Cada intervalo de 5 a 10 minutos el docente va anotando en el pizarrón una marca a la tarjeta verde o roja dependiendo al comportamiento, explicándoles a los alumnos el cambio de color, retroalimentándolos.

- Al finalizar la clase se hace el conteo y se les explica porque obtuvieron o no el premio.

Ejemplo:

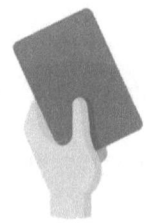　　　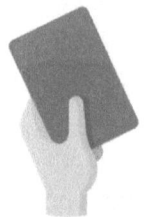

Verde: Buen comportamiento　　　Rojo: Conductas no adecuadas

**Juego del semáforo**

Objetivo:

- Se busca que los estudiantes intenten en conjunto obtener un buen comportamiento, mediante el establecimiento claro de los tiempos y momentos en los que se puede realizar una conducta.

Procedimiento:

- Se utilizan tres tarjetas que simulen el semáforo (amarillo, rojo y verde, véase figura 3.2), la idea es que cada color del semáforo, indicara las conductas que deben realizar los niños en determinados momentos y tiempos.

- Para empezar el juego se debe informar de manera clara a los niños y niñas sobre las conductas que indica cada color.

Ejemplo:

"El color rojo significa que ustedes deben estar en silencio y realizar sus trabajos concentrados, es decir, estar pendientes sólo de la tarea que deben realizar. El color amarillo representa que ustedes deben estar atentos ya que viene el siguiente color que indica una conducta diferente a la que están realizando. Por último, el color verde significa que ustedes se pueden para a botar la basura de los lápices, a conversar y/o pedir materiales a sus compañeros o profesor (a)."

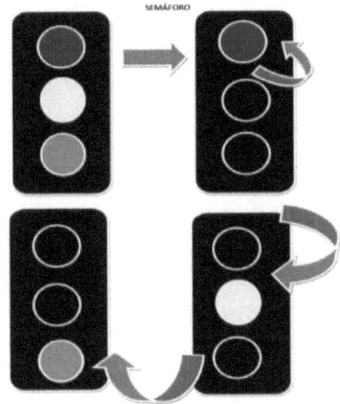

**Figura 3.2** Semáforo

### 3. Sistema de Refuerzo

Una estrategia con mayor éxito es el uso de reforzadores, que se pueden utilizar para incrementar la probabilidad de se realicen comportamientos y conductas más adaptativos en el aula establecidas por el docente.

**a) Juego del buen comportamiento para el trabajo en equipo.**

Objetivo:

- Fortalecer conductas positivas de los alumnos. Se trata de una intervención temprana que pretende prevenir conductas de riesgo que se desarrollan en la pubertad y adolescencia, como ausentismo, drogas, violencia. Reducir conductas agresivas y/o tímidas en sentimientos y emociones.

Procedimiento:

- Se divide el grupo en tres equipos con diferentes características. Por ejemplo: color azul, verde, amarillo y a cada integrante del equipo se coloca una pulsera o listón del color de su equipo. El docente designara un líder para guiar la actividad en clase, donde el docente reforzara las buenas conductas a partir del comportamiento en clase (véase tabla 3.3).

- El líder se puede ir rotando.

- Se anotará en una hoja a los miembros de cada equipo (ejemplo) y las hojas se colocarán de manera visible en el salón, colocando:

  **Caras tristes**: al equipo o integrante enfatizando los comportamientos negativos.
  **Caras felices**: conductas positivas (véase figura 3.3).

- Se entrega el premio al equipo ganador.

- Se anotan potencialidades y áreas de oportunidad de cada equipo para mejorar.

- Se puede evaluar rotar integrantes del equipo, de modo que todos en alguna ocasión alcancen la oportunidad de ganar.

Ejemplo:

TABLA DE DISTRIBUCIÓN DE ALUMNOS/AS EN GRUPOS

| Nº | Nombre alumno/a | Equipos | | | Fecha de cambio: | Nuevos Equipos | | |
|---|---|---|---|---|---|---|---|---|
| | | AZUL | ROJO | VERDE | | AZUL | ROJO | VERDE |
| 1 | | | | | | | | |
| 2 | | | | | | | | |
| 3 | | | | | | | | |
| 4 | | | | | | | | |
| 5 | | | | | | | | |
| 6 | | | | | | | | |
| 7 | | | | | | | | |
| 8 | | | | | | | | |
| 9 | | | | | | | | |
| 10 | | | | | | | | |
| 11 | | | | | | | | |
| 12 | | | | | | | | |

**Tabla 3.3** Distribución de los alumnos

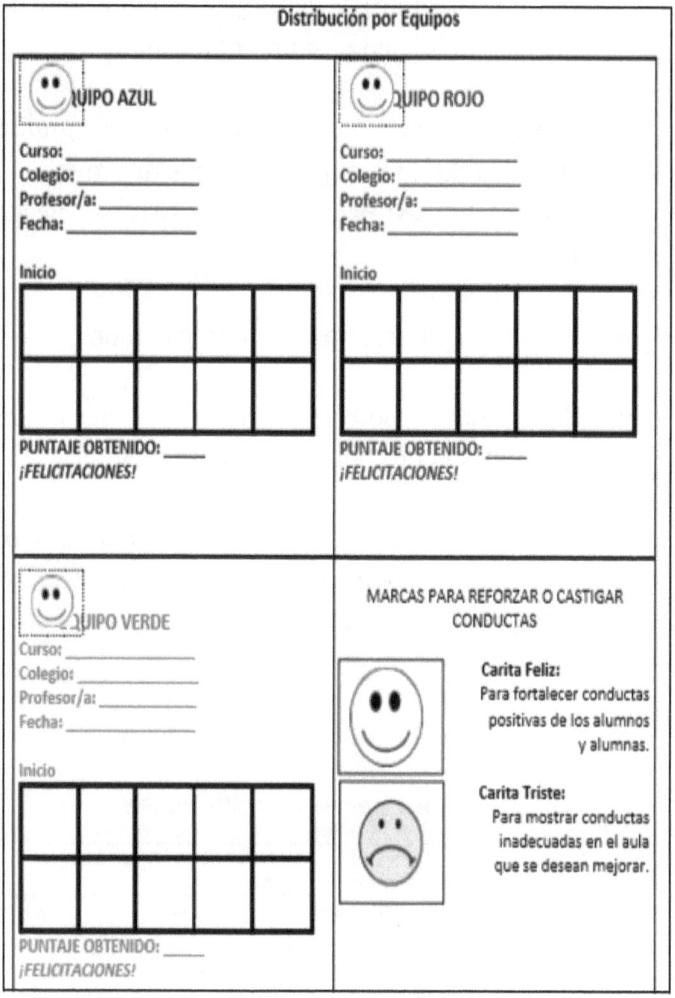

Distribución por Equipos

EQUIPO AZUL

Curso: ____________

Colegio: ____________

Profesor/a: ____________

Fecha: ____________

Inicio

PUNTAJE OBTENIDO: ____

*¡FELICITACIONES!*

EQUIPO ROJO

Curso: ____________

Colegio: ____________

Profesor/a: ____________

Fecha: ____________

Inicio

PUNTAJE OBTENIDO: ____

*¡FELICITACIONES!*

EQUIPO VERDE

Curso: ____________

Colegio: ____________

Profesor/a: ____________

Fecha: ____________

Inicio

PUNTAJE OBTENIDO: ____

*¡FELICITACIONES!*

MARCAS PARA REFORZAR O CASTIGAR CONDUCTAS

**Carita Feliz:** Para fortalecer conductas positivas de los alumnos y alumnas.

**Carita Triste:** Para mostrar conductas inadecuadas en el aula que se desean mejorar.

**Figura 3.3** Distribución por equipos y marcas para reforzar o castigar conductas

## b) Juego yo me comporto mejor

Objetivo:

- Reforzar el comportamiento individual del alumno en el aula. Promueve que las buenas conductas de una gran parte del grupo sean percibidas por el docente, mientras que los malos comportamientos no requieran mayor atención.

Procedimiento:

- Se elaboran hojas individuales donde se premiará y reforzaran conductas adecuadas (véase figura 3.4).

- Se entregará a cada alumno una para su reconocimiento y que la llene.

- Se les explica el objetivo, recalcando que será el parámetro para premiar el buen comportamiento. Caritas felices, se pegará una por clase.

- Cuando tenga 5 caritas felices, se convertirá en una estrella, lo que significa que recibirá un premio.

Es importante ir cambiando los premios, iniciando con cosas concretas y a medida que el alumno avanece será intangible. En relación a los niños que ganen poco, es necesario premiar cualquier detalle positivo que realicen.

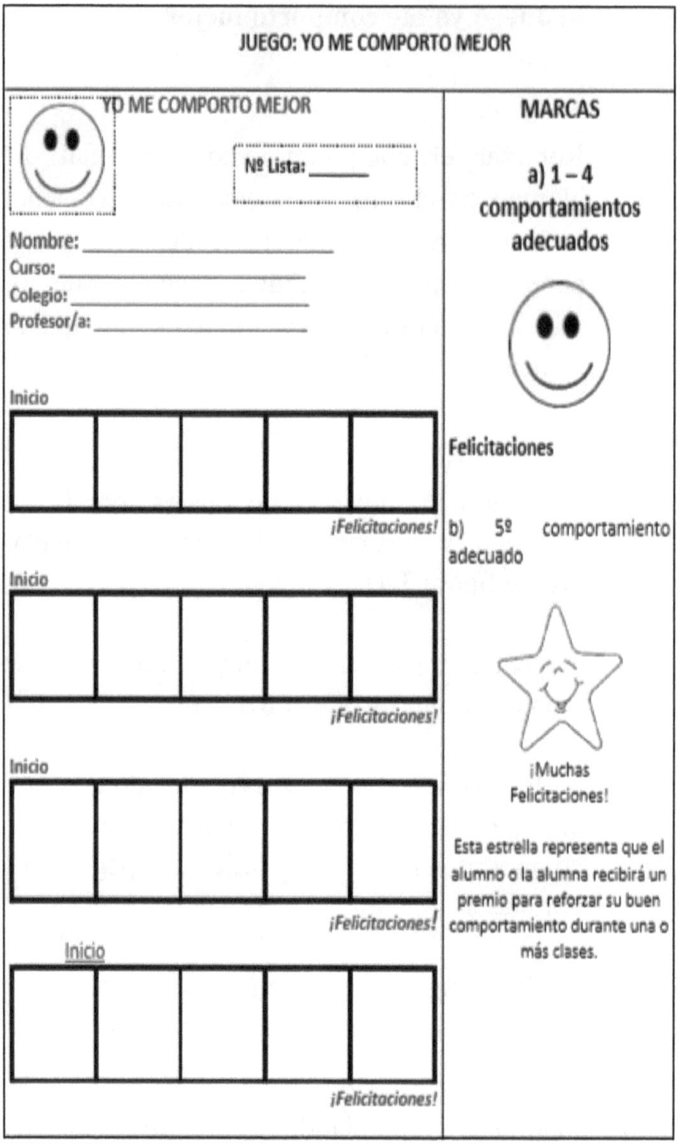

JUEGO: YO ME COMPORTO MEJOR

YO ME COMPORTO MEJOR

Nº Lista: ______

Nombre: ____________________

Curso: ____________________

Colegio: ____________________

Profesor/a: ____________________

Inicio

¡Felicitaciones!

Inicio

¡Felicitaciones!

Inicio

¡Felicitaciones!

Inicio

¡Felicitaciones!

MARCAS

a) 1 – 4 comportamientos adecuados

Felicitaciones

b) 5º comportamiento adecuado

¡Muchas Felicitaciones!

Esta estrella representa que el alumno o la alumna recibirá un premio para reforzar su buen comportamiento durante una o más clases.

**Figura 3.4** Hoja Individual "Yo me comporto mejor"

Para esta actividad es posible usar diferentes reforzadores, en la tabla 3.4 se sugieren algunos.

| Otros refuerzos utilizados | Otros refuerzos posibles |
|---|---|
| • Dulces<br>• Stickers<br>• Revistas | • Volantines<br>• Libros de lectura<br>• Lápices<br>• Anotaciones Positivas |
| **Refuerzos Intangibles** ||

- Hacer un collage
- Ayudar en fiestas (Fiestas patrias, Navidad, etc.)
- Liderar un juego
- Actuar como jueces en una clase
- Minutos para escribir en el pizarrón o tablero
- Leer libros especiales
- Ser líder de grupo o tener cargos directivos
- Cuidar plantas u otras responsabilidades
- Izar la bandera
- Llevar mensajes
- Distribuir los libros u otros materiales en la sala
- Minutos para jugar un juego preferido
- Los alumnos reciben una felicitación telefónica de la profesora
- Los alumnos reciben un esfuerzo de la profesora y/o de sus compañeros (aplausos u otros)
- Organizar paseos o convivencias
- Pertenecer al cuadro de honor u otro
- Tener la atención y escucha del docente

**Tabla 3.4** Sugerencias de refuerzos

### c) Tarea por premio

Objetivo:

- Se refuerza de manera individual que el alumno realice un trabajo más eficaz, en relación a tiempo y calidad del mismo. Se sugiere se realice antes del recreo o en la clase anterior a salir de clases.

Premio:

- Salir del salón a jugar con todos los compañeros en la medida que vayan terminando, mientras mejor realicen la actividad (en función de tiempo y calidad) más tiempo tendrán para jugar.

Premio:

- Ver una película

### d) Premio al refuerzo

Se enfatiza el logro del trabajo en clase así como fortalecer el comportamiento de cada alumno.

Se utilizan diferentes reforzadores ante las conductas positivas: stickers de caritas felices, notas de felicitación, dibujos para colorear (véase figuras 3.5 y 3.6)

Se informa a los alumnos que los que sigan las instrucciones de forma adecuada al final recibirán un premio tras presentar su trabajo. Se recalca que todos pueden alcanzar esos premios.

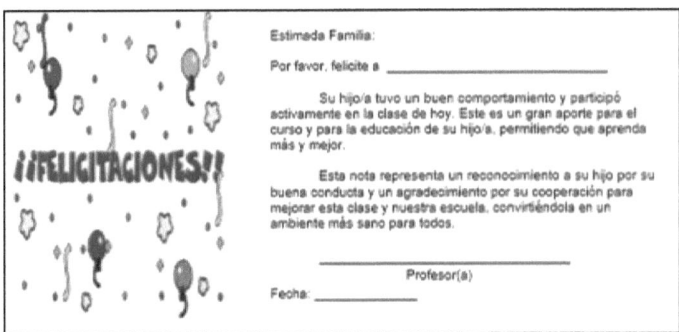

**Figura 3.5** Nota de felicitación

**Figura 3.6** Stickers y Dibujos para colorear

## e) Refuerzo verbal

Objetivo:

- Valorar los logros de los alumnos manifestándolo de manera verbal e individual, demostrando a los alumnos que damos importancia a las conductas que realizan bien.

El docente debe observar, pasearse por el salón y entregar el refuerzo verbal frente a las conductas positivas del alumno.

Dependiendo de las características del grupo y de cada estudiante, se evalúa si este refuerzo se hace de manera personal o hacia todo el grupo para que todos sean conscientes de lo que se valoró en el compañero.

Otra forma es valorar verbalmente los logros del grupo por mejorar en algún comportamiento o aprendizaje.

### f) Juego de la distención

Objetivo:

- Animar o movilizar a los alumnos antes o durante una clase, si la conducta de una gran mayoría es inadecuada. Consiste en realizar unos ejercicios físicos o actividades que les permitan a los alumnos soltarse dentro del aula, generando un compromiso posterior para mejorar su disposición a la clase.

Se explica a los alumnos la dinámica de la actividad y el compromiso posterior que se requiere.

Se pide levanten la mano los que quieran participar y los que no permanecerán sentados en su lugar y si lo desean pueden integrarse.

Puede durar 10 minutos y después se relajarán y estiraran y vuelven a su lugar.

Sino funciona se hace hincapié no se realizaran actividades lúdicas durante la clase.

Ejemplo:

- Correr un minuto atrás de su silla
- Gritar durante un minuto
- Saltar en un pie y luego el otro.
- Cantar una canción
- Realizar secuencias de movimientos.
- Agacharse y levantarse
- Hacer un baile grupal.

### g) Cuadro de estrellas

Objetivo:

- En esta estrategia, el comportamiento de cada alumno o alumna es beneficioso solo para él, si es adecuado.

Este cuadro de estrellas se coloca de manera visible en el salón (véase figura 3.6), se notan los nombres de todos los alumnos, al lado se deja un espacio para ir colocando las estrellas, las cuales se colocan por las buenas conductas y a fin de mes o el tiempo que se establezca se otorgan premios a los alumnos con la mayor cantidad de estrellas. Se establece una desviación de 3 a 5 en referencia al mayor número. Se entregan los premios, se limpia el tablero y se vuelve a empezar.

**Figura 3.6** Cuadro de Estrellas

## h) Análisis funcional del comportamiento

Objetivo:

- Análisis individual del comportamiento. Es una observación sistemática, documentación y análisis de la conducta perturbadora y los eventos asociados inmediatamente con la manifestación de la conducta, así como medida objetiva de la naturaleza, intensidad, frecuencia con que ocurre.

Indagar acerca de que es lo ¿Qué le da sentido a dicho comportamiento al alumno?

Análisis de la conducta conflictiva identificada y promover metas a generar conductas más positivas.

Elaborar el plan de trabajo individual con el alumno.

Evaluación pre y post individual.

Podría ser un trabajo lento y estarse ajustándose cuando se requiera, deben tomarse en cuenta variables del hogar, antecedentes conductuales, sociales.

Para poder realizar una adecuada observación y recopilación de datos sobre el desarrollo del alumno en el aula, se propone en la figura 3.7, un formato de trabajo.

| Situación | Problema Conductual | Resultado más común |
|---|---|---|
| | | |

¿Qué ha intentado o usado y cómo ha funcionado?

¿Cuáles son sus expectativas con el estudiante?

¿Qué ha tratado de hacer para cambiar la situación cuando ocurre el problema de comportamiento? (modificar las tareas para emparejarlo con las habilidades de los otros, cambiarlo de asiento, cambiar el programa de actividades)

¿Qué es lo que trata de hacer para enseñarle la conducta esperada?

¿Qué consecuencias (castigos) ha utilizado para el problema de conducta hasta el momento? (quitar privilegios, llamar a los apoderados, mandarlo a inspectoría, suspender, etc)

### Plan de conducta individual

*Nombre del alumno:*          *Edad:*          *Curso:*          *Fecha:*

| | |
|---|---|
| ¿Cuáles son las fortalezas del alumno? | |
| ¿Cuáles son las conductas problemas? | |
| ¿Qué desea que haga el alumno? | |
| ¿Cuál será la conducta aceptable o deseable que el alumno debe realizar? | |
| ¿Qué sucede si el alumno exhibe conductas inaceptables? | |
| ¿Cómo se medirá el plan? | |
| ¿Durante cuánto tiempo se probará el plan? | |

Plan individual para el alumno

**Figura 3.7** Formato de Análisis funcional del comportamiento

## 4. Estrategias de Relajación

Objetivo:

- Que el alumno aprenda a discriminar entre sensaciones de relajación y tensión, a través de tensar y relajar sistemáticamente varios grupos de músculos. Se puede utilizar las veces que se considere necesarias y pretenda que los alumnos estén más dispuestos a estar tranquilos y escuchar. A continuación unos ejemplos:

**Juguemos a ser:**

**Un tallarín**

"Ahora cada uno de ustedes es un tallarín, que en algunas oportunidades está crudo y en otras cocido, miren los tallarines crudos son rígidos y muy tiesos y los tallarines cocidos muy blandos y lacios… ahora cuando se les vaya diciendo van poniendo la parte del cuerpo a como corresponda al tallarín… Ahora todo su cuerpo está como un tallarín crudo… duro, duro, partiendo por los músculos de la cara, luego brazos, etc. (cuando los estudiantes estén cumpliendo con las instrucciones se pasa a la siguiente)… Ahora están como un tallarín que se va cociendo, van soltando su cuerpo cada vez más y más, para bajar y relajar todo el cuerpo…"

**Una tortuga**

Permite trabajar con movimientos lentos de brazos y manos. Utilizando un cuento cuyo protagonista sea una tortuga que pasea por un bosque y cuando se encuentra con una amenaza tiene que meter la cabeza en el caparazón. De esta manera se le enseña a ejercitar la tensión muscular en cuello, hombros, para después, relajarlos y volver a estado normal.

### Un Globo

Explicarle es un pequeño globo que alguien empieza a inflar poco a poco. A medida que se van inflando sus brazos y sus piernas tienen que hacerse grandes, grandes mientras respira lentamente. Y cuando este inflado del todo se va desinflando poco a poco.

### Una Hormiga

Tiene que hacerse pequeño, muy pequeño, y mover brazos y piernas como si fuera una pequeña hormiga. En este movimiento se provoca tensión muscular que se va a relajar, pidiéndole que poco a poco se convierta en otro animal o dejando de ser una hormiga, para notar la relajación de músculos.

### Un peluche

También se puede utilizar un peluche que sea de su agrado, y explicarle: ahora él es papá o mamá del peluche y que lo quiere mucho, y tiene que abrazarlo muy fuerte, de esta manera se crea tensión muscular y poco a poco va soltando y relajando. Además se crea una asociación entre el niño y el peluche.

## 5. Reuniones con padres de familia

Objetivo: Retroalimentar a los padres de familia respecto a las estrategias establecidas y complementarlas con su apoyo. Que sirvan de respaldo. Así como dar seguimiento para establecer normas y límites en el hogar.

¿Dónde está la esencia de ser docente?

En actuar, sentir y pensar como maestros.

## BIBLIOGRAFÍA

Aron, A. y Milicic, N. (2000). *Vivir con Otros*. Ed. Universitaria.

Barocio, R. (2004) *Disciplina con amor*. México: Pax

Bucay Jorge, Bucay Demian (2016). *El difícil vínculo entre padres e hijos*. Océano.

Crone, D. & Horner, R. (2003) *Building positive behaviour support systems in schools*. New York, The Guilford press.

Gómez, P. (2002) *Estrategias educativas para la prevención de la violencia: mediación y diálogo*. Capítulo 7: Estrategias didácticas para trabajar en el contexto escolar. Extraído el 8 de marzo de 2008 desde, http://www.cruzrojajuventud.org/portal/page?_pageid=94

Keneth, T. y Ben, F. (2000). *Psicología educativa para la enseñanza eficaz*. Editorial Thompson.

Monjas Casares, M. I. (1993), *Programa de enseñanza de habilidades de interacción social para niños y niñas en edad escolar*. Valladolid, Ed. Autora

Monjas Casares, M. I. (2004). *Programa de enseñanza de habilidades de interacción social (PEHIS) para niños y adolescentes,* Ed. CEPES.

Ortega, R. y Del Rey, R. (2002). *Estrategias educativas para la prevención de la violencia: mediación y diálogo*. Capítulo 3: Convivencia y formación del profesorado: el dialogo como instrumento. Extraído el 8 de marzo de 2008 desde, http://www.cruzrojajuventud.org/portal/page?_pageid=94, 53081&_dad=portal30&_schema=PORTAL30.

Segura, M. y Arcas, M. (2004) *Relacionamos bien*. Programa de competencia social para niños de 4-12 años. Madrid. Ed. Narcea.

Sprague & Golly (2005). *Best Behavior. Building Positive Behavior Support in Schools. Sopris West Educational Services.*

Spreague, J. y Walker, H. (2006). *Safe and Healthy School. New York, The Guiford Press.*

Vaello, J. (2005). *Las habilidades sociales en el aula.* Ed. Santillana

# 4

## EL DOCENTE COMO ORIENTADOR EDUCATIVO

**Jaime Ernesto Vargas Mendoza**

## CONTEXTO Y ANTECEDENTES

Nuestro sistema educativo coloca gran parte de la responsabilidad del proceso de aprendizaje en los docentes, los cuales, deben asumir diversos roles dentro de su práctica profesional. De esta manera, la función docente va más allá del conocimiento. El ejercicio de la docencia abarca el ámbito académico, social y político, por considerarse actualmente a la educación como un ente inseparable de la vida (Diez, 2008).

Los diversos roles marcan al docente como una figura dentro y fuera del aula, convirtiéndolo en un criterio de relevante peso social y en un punto de referencia para los padres y escolares cuando estos necesitan orientación (Prieto, 1984). El rol orientador del docente consiste en proporcionar ayuda al educando, facilitarle estrategias que contribuyan a la adquisición de hábitos positivos, que generen en el ser humano bienestar, armonía y calidad de vida. Es en el desempeño del rol orientador, que el docente puede llevar a cabo esta labor de una manera humana al promover, planificar, evaluar e investigar tales experiencias; considerando, además de los diseños curriculares y la escuela, a la familia, la comunidad y la sociedad como los agentes que intervienen en este proceso educativo.

La acción orientadora en la educación primaria se perfila dentro de la adquisición de la autonomía, el desarrollo integral y el logro de la identidad personal del estudiante. Durante este periodo se debe promover la formación de hábitos, el refuerzo de valores, así como las normas de convivencia, las relaciones grupales y la cohesión grupal.

Sin embargo, para que sea efectiva, la orientación debe darse de forma continua y es necesario que exista una relación constante entre docente y alumno, por ser este un proceso que arranca en la educación inicial y que puede mantenerse de forma continua durante toda la vida académica y profesional. La orientación permite que el educador ejerza su rol por ser la primera persona a la cual acudirán los estudiantes ante una situación de riesgo o problemática.

Estas funciones sugieren un papel tanto reactivo como proactivo por parte del orientador. Tradicionalmente al orientador se le ha ubicado en un papel esencialmente reactivo, eso es, atender al orientado solo después de la existencia de un problema, cuando éste recurre en la búsqueda de su ayuda. Actualmente se reconoce la existencia de otras funciones del quehacer del orientador, como la prevención de problemas y la promoción del desarrollo positivo en el individuo.

En la etapa de enseñanza secundaria, el orientador debe preocuparse por maximizar las oportunidades de aprendizaje de todos y cada uno de los estudiantes, reconocer y trabajar con dificultades de carácter cognitivo, social y/o emocional, que pudieran afectar al proceso de aprendizaje de los alumnos (Martinez, Krichesky & Garcia). Por ejemplo, los orientadores, en tanto agentes de cambio, inciden en la resolución efectiva de situaciones familiares de carácter abusivo o negligente que afectan directamente al alumno. Es por ello que, en los últimos años se ha insistido en definir al docente como un guía, tutor y orientador (Vaillant, 2005).

Así, la actividad docente debe cambiar, dejar de promover la memorización de información y el conocimiento de datos científicos y técnicos, para comenzar a desarrollar competencias concretas, que integren un amplio conjunto de conocimientos y habilidades. Esto es un enfoque centrado en el aprendizaje, que maneje el lenguaje de las competencias definidas como una colección de habilidades, actitudes y conocimientos de comunicación, sociales, de razonamiento matemático, científicas, tecnológicas, creativas, todas ellas inmersas dentro de un marco de valores.

Para responder a las nuevas exigencias de los sistemas educativos, se sigue confiando en las habilidades, competencias y compromisos de los maestros y profesores. Así, debe reconocerse que los docentes son el factor de cambio central en el que hay que invertir para seguir preparándolos para los retos que deben afrontar en su labor formativa.

Se pretende mejorar la formación de los profesores, dedicando un mayor esfuerzo a las competencias que debe actualizar el docente para adaptarse a las demandas de la sociedad del conocimiento. Se espera que el docente tenga una formación científica, humanística y tecnológica, que establezca la relación de estas áreas en su enseñanza y se las manifieste claramente a los estudiantes (Informe del Consejo Europeo de Lisboa, 2006).

El perfil de un profesor-orientador le da la capacidad a éste de atender aspectos particulares, educativos y vocacionales de los estudiantes (Boza, 2001). A su vez, Bisquerra (2001) señala que la segunda área de interés de la orientación son los programas de métodos de estudio, lo que constituye apoyo sobre habilidades y estrategias de aprendizaje.

Además de esto, es importante tomar en cuenta que entre los objetivos de la instrucción escolar se encuentra el de potenciar de maneras diversas a las personas para óptimo desarrollo en la sociedad (Tébar, 2003). El mismo Tébar afirma que el docente, cada vez con más frecuencia, ejerce funciones que anteriormente realizaban la sociedad y la familia.

Un profesor orientador se forma de manera tal que es capaz de procurar al alumnado la ayuda necesaria para su desarrollo integral (Boza, 2001). Bisquerra (2001) asegura que la orientación se dirige a todos los aspectos de la vida del sujeto, pues lo educa para ella. Desde el aspecto académico, lo apoya en el desarrollo de habilidades, en el uso de estrategias de aprendizaje, acompaña al alumno en los procesos activos de adquisición de conocimientos, de integración de los mismos, así como en el desarrollo de habilidades, actitudes, valores y competencias, para que en el aspecto personal pueda conocerse a sí mismo, elaborar los elementos que constituyan su identidad personal y comenzar así a fundamentar lo que será su plan de vida y carrera (Garnica y Ramírez).

De esta manera, la orientación educativa se ubica en el campo profesional de la educación como en el de las profesiones de ayuda. Por lo tanto, el desempeño profesional de la orientación educativa se ubica en el escenario escolar, manejando teorías y estrategias pedagógicas y psicológicas, así como también, teorías y estrategias sociales y grupales (Pedraza, 1998).

En virtud del amplio campo de acción del orientador educativo, la Dra. María Concepción Ortiz Bayona y el Psicólogo Jesús Miguel N. Ortiz (2011) identifican las siguientes áreas y niveles de intervención.

A) Personal. En esta área se distinguen los niveles individual, grupal e intergrupal y aborda cuestiones como el desarrollo de los alumnos, su proyecto de vida, las relaciones interpersonales en el grupo, la colaboración y el intercambio.

B) Escolar. Esta área de la orientación incluye los niveles académico, pedagógico y de eficiencia. En el nivel académico se aborda al alumno enfocándose en el desarrollo de sus habilidades para el autoestudio y auto aprendizaje. En el nivel pedagógico se aborda la relación docente-orientador, las relaciones interpersonales entre los docentes y en el nivel de la eficiencia se aborda la detección de causas de deserción y reprobación, así como el seguimiento de los egresados.

C) Vocacional. Se manejan los niveles del perfil, la información y la elección. En relación con el perfil se abordan intereses, aptitudes, habilidades. Respecto a la información se refiere a la información de las áreas ocupacionales y profesionales. Y en la elección se refiere al proceso de decisión y elección vocacional.

D) Familiar. En el nivel de la comunicación se trabaja el mejoramiento de las relaciones afectivas, en cuanto a la organización se aborda el desempeño de roles de los integrantes de la familia y en el nivel del desarrollo se atiende la superación familiar en base a los valores e intereses.

E) Social. En esta área se manejan los niveles de la estructura, la organización y la función. En cuanto al nivel de la estructura se trabaja la identificación de la distribución social de las ocupaciones y profesiones.

En el nivel de la organización se aborda la identificación de las necesidades de los sectores productivos y en nivel de la función se aborda el papel de las ocupaciones en la transformación y desarrollo social.

F) Institucional. Esta área de la orientación se enfoca en la institución educativa a nivel de los planes, procedimientos y dirección. En relación con los planes se aborda el aspecto formativo y la difusión de los mismos. En cuanto a los procedimientos se trabaja el ingreso, inducción, permanencia y regreso.

G) Y por último, en el nivel de la dirección se aborda la filosofía institucional, misión, visión, principios y fines educativos.

Desde esta perspectiva, las funciones del orientador serían:

1. Recoger y divulgar información profesional.
2. Ayudar a seleccionar objetivos profesionales, mediante una programación idónea de materias, currículos y tipos de escuelas.
3. Ayudar en la incursión al campo laboral.
4. Realizar el seguimiento de los alumnos egresados.

Así mismo, los problemas que atendería la orientación serían:

1. Problemas relacionados con la adaptación social.

2. Problemas derivados de las relaciones familiares.

3. Problemas derivados del uso del tiempo.

4. El futuro y su problemática.

5. Casuística y problemas inherentes a la personalidad y sus atributos.

6. El trabajo y el estudio.

7. Preocupaciones respecto a la salud.

De esta manera, la orientación se define como el proceso de ayuda a un individuo (o grupo pequeño de individuos) para que pueda comprenderse a sí mismo y al mundo que le rodea.

En Cano, (2013) encontramos que el profesor, aparte de docente, debe ser orientador de sus alumnos, con el objetivo final de desarrollar y fomentar en ellos todas sus capacidades, valores, actitudes y habilidades en la vida diaria, a partir de una acción continua e integral entre ellos, los demás profesores y los padres. También se apunta que el tutor debe conocer no sólo las actitudes y aptitudes de sus alumnos, sino también sus preferencias, intereses e inquietudes, es decir, aspectos que no siempre tienen que ver con la realidad del aula, añadiendo lo siguiente: "El profesor-orientador, además de maestro (...) es, en primer lugar, guía en sus aprendizajes, orientador en el desarrollo de su personalidad y asesor en la configuración de su itinerario de vida. (...) Es su facilitador de experiencias educativas dentro y fuera del aula" (p. 159).

Entre sus funciones más importantes está la de orientar a sus alumnos y a las familias. Así el tutor, como orientador, debe (Cano, 2013):

- Orientar sobre las posibilidades educativas de sus alumnos.

- Contribuir a una correcta cooperación entre el resto de docentes y los padres de sus alumnos.

- Involucrar a las familias en la educación integral de sus hijos, fijándose no solo en lo que ocurre y hace dentro del aula o centro, sino también en lo que pasa fuera.

- Facilitar la integración de los alumnos, fomentando su participación en actividades no escolares, dentro y fuera del centro.

- Desarrollar programas de formación de padres, para la consecución de habilidades básicas que les permitan contribuir a un correcto desarrollo personal de sus hijos. Igualmente el tutor debe ejercer como nexo de unión entre el centro educativo en el que trabaja y las familias de sus alumnos, facilitando, siempre que se pueda, la comunicación entre ambas instituciones.

PROPUESTA

El docente, hoy en día no debe considerarse solamente un transmisor de conocimientos, donde el alumno es el receptor que reproduce lo aprendido. Por el contrario, el docente actual también es un orientador, como muchas otras de las funciones que debe cumplir como profesional de la enseñanza.

De este mismo modo, el docente debe estar al tanto de temas actuales y enseñarlos, para que los alumnos tengan conocimiento de los mismos como también de lo relacionado a las normas legales que garanticen sus derechos, por lo cual dentro del aula se deben exponer contenidos relacionados con los derechos humanos, la salud, la educación sexual, los valores, la educación ambiental, la prevención de desastres, entre otros (Echeverría, 1997).

Por ello, el docente, como todo ser humano, deberá dominar sus propias preferencias y antipatías, así como comprender las motivaciones emocionales de los niños para lograr una orientación eficaz hacia sus alumnos. Es a él a quien acudirán los estudiantes, si es que ha logrado crear una atmósfera de confianza en su salón de clase y muy probablemente será de manera individual que estos buscarán la oportunidad de platicar con él y de comunicarle sus inquietudes y sus problemas.

En la Figura 4.1, que se muestra enseguida, podemos apreciar un modelo que contempla los diferentes contextos de información, en donde la función orientadora del docente puede desplegarse. Hemos escogido 10 campos como los más relevantes para esta función y cada uno de ellos representa un área de capacitación en la que los maestros de primaria, secundaria y preparatoria deberían ser capacitados con el fin de estar en condiciones de brindar asesoría de una manera congruente con la filosofía y la misión de la institución escolar donde trabajen.

**Figura 4.1** Contextos donde el docente oferta su función orientadora

## PROGRAMA DE CAPACITACIÓN

**1. Hábitos de Estudio.**

El docente cumple un rol orientador ineludible en el aula, puesto que en primera instancia la responsabilidad de orientar a los niños recae sobre el docente. Más allá de esto, corresponde al docente requerir los servicios de un especialista o del gabinete psicopedagógico -en el caso de existir en la escuela- para que lo ayude a diagnosticar y a planear métodos apropiados para el aprendizaje de los niños que presenten dificultades. Si no cuenta con apoyo externo, tiene que estar capacitado para orientar en la mejora de los hábitos de estudio de sus alumnos y específicamente poder dar consejo en:

| | |
|---|---|
| ¿Cómo estudiar? | a. El lugar y tiempo adecuado para estudiar<br>b. La primera lectura (buscar lo importante)<br>c. La segunda lectura (copiar lo importante)<br>d. Reducir la información en un "acordeón"<br>e. Estudiar el acordeón y comentarlo |
| ¿Cómo presentar un examen? | a. Llegar temprano<br>b. Llevar lo necesario (calculadora, lápiz, etc.)<br>c. No distraerse (no sacar el acordeón)<br>d. Contestar primero las preguntas fáciles<br>e. Contestar después las difíciles<br>f. No dejar pregunta sin contestar<br>g. Hacer uso de todo el tiempo disponible |

**Tabla 4.1** Consejos en Hábitos de estudio

## 2. Orientación Vocacional

A nivel de las escuelas secundarias y prevocacionales puede afirmarse, sin ánimo de exagerar, que prácticamente no se realiza investigación vocacional alguna. Excepcionalmente, la orientación se proporciona a los estudiantes que acuden al cubículo del orientador solicitando información de las áreas de carreras, de las posibilidades económicas de las profesiones y de las principales aptitudes que requiere el estudiante, pero sin realizarle las pruebas que permitan descubrir su verdadera vocación, basada en las aptitudes, intereses, motivaciones, metas, ideales y marcos de referencia sociales, económicos y culturales del estudiante.

La investigación vocacional debe realizarse en el último año de la educación secundaria y pre vocacional o, a más tardar, en los primeros semestres del bachillerato.

La orientación vocacional procura el bienestar individual como la base del bienestar social sobretodo el aprovechamiento y desarrollo del potencial humano (Cueli, 1982). Podríamos agregar que la actividad orientadora realizada en el nivel de la escuela preparatoria contribuye ampliamente a la articulación y vinculación entre los niveles de enseñanza media y profesional en el mediano y largo plazo y a dar hombres más realizados y plenos a nuestro país (Jiménez,1996).

La orientación se ha de confiar al maestro o profesor, que es el único que puede seguir al joven en su desarrollo, puede darse cuenta de sus intereses, conocer sus inclinaciones y sus tendencias (Gamelli, 1956).

Los orientadores deben adquirir alguna clase de conocimientos básicos y conceptos relativos al mundo del trabajo. En primer lugar un orientador necesita saber algo de la estructura del sistema ocupacional. La segunda clase importante de conocimientos ocupacionales que los orientadores deben tener consiste en las tendencias ocupacionales. Al ayudar a que los clientes tomen decisiones vocacionales adecuadas, es necesario estar informado del tamaño de los diversos campos ocupacionales y saber cuáles se expanden y cuáles se estrechan. También es importante el conocimiento de las demandas y tendencias locales. Una tercera clase de conocimientos generales que conviene a los orientadores, consiste en la familiaridad con las investigaciones que se realizan en la psicología y la sociología ocupacionales. Una cuarta clase de conocimientos que necesita el orientador consiste en los criterios para juzgar la bondad de materiales ocupacionales específicos (como serían los test especializados en este campo) (Magaña, 1996).

Así, el docente orientador, en el área de la orientación vocacional debe poder dar consejo para:

1. Develar las actitudes del estudiante (lo que le gusta y lo que no le gusta)

2. Descubrir las aptitudes del estudiante (¿en qué tiene mejores calificaciones?)

3. El panorama laboral presente (oferta y demanda de profesionales)

4. Indicar posibilidades de becas y apoyos financieros

## 3. Ambiente Familiar

Tradicionalmente se ha asumido que la orientación educativa tiene un único destinatario: el alumno, considerado en su perspectiva individual. En la actualidad se admiten otros destinatarios como son: el grupo primario, el asociativo y la institución o la comunidad.

La importancia de la intervención sobre los grupos primarios (familia, amigos, clase) radica en que estos constituyen las unidades básicas de la organización social y son los que ejercen la mayor influencia en el individuo. Las intervenciones en estos grupos se dirigen a facilitar la comunicación e interacción entre sus miembros.

El trabajo del docente como orientador con otros agentes educativos, como la familia, se realiza en un plano de igualdad y desde la intervención indirecta que tiene como finalidad la planificación de acciones para el logro de objetivos que afectan a un tercero (el estudiante). Los docentes deben reconocer la importancia del estudio del ambiente familiar para la emisión de un juicio orientador con respecto al grado de madurez alcanzado por el alumno, por lo que es necesario establecer una estrecha relación entre los sistemas familiar y escolar (Ríos,1994).

La orientación familiar pretende dotar a la familia de recursos y una preparación psicopedagógica, para que realice de forma correcta su tarea educativa y apoye a la escuela en la formación de sus hijos como futuros profesionales. De esta forma, armoniza sus funciones y enriquece sus potencialidades educativas; además, ayuda a los jóvenes en sus proyecciones profesionales y de ida hacia el futuro.

Cuando se habla de orientación familiar se refiere al conjunto de acciones dirigidas a la capacitación de la familia para un desempeño más efectivo en el logro de sus funciones, de forma tal que garantice su desarrollo personal y como grupo (Torres, 2003). Pero desde el ámbito escolar, se dirige a prevenir las situaciones de riesgo o carencias sociales y personales que puedan afectar negativamente al proceso educativo de los estudiantes.

Se destacan tres niveles para el tratamiento familiar: el educativo (las escuelas de padres y la formación para asumir adecuadamente sus responsabilidades educativas en el contexto familiar); de asesoramiento (servicios o gabinetes de orientación familiar) y de tratamiento terapéutico (servicios de terapia familiar) (Ríos, 1994).

La orientación a las familias de los estudiantes debe centrarse en el cumplimiento del primer nivel de tratamiento (el educativo), pues la orientación educativa la realiza el propio docente desde la función orientadora. La mayoría de las instituciones educativas no cuentan con el servicio destinado a enfrentar el resto de los niveles, pues para ello se necesita conformar equipos multidisciplinarios integrados por psicólogos, psicopedagogos, orientadores profesionales, etc., que estén calificados para tal fin. En su caso, el docente debe estar capacitado para dar consejo sobre:

| 1. Historia de la familia: (Engels, 2004) | • Familia consanguínea<br>• Familia Punalúa<br>• Familia Sindiásmica<br>• Familia Patriarcal Monogámica |
|---|---|
| 2. Ciclo Vital de la familia: | • Noviazgo<br>• Matrimonio<br>• Expansión<br>• Nido Vacío<br>• Término |
| 3. Pilares de la Familia: | • Sexualidad<br>• Economía<br>• Crianza |
| 4. Modelo de Familia Disfuncional: ||
| • Baja productividad<br>• Miembro enfermo<br>• Conflicto marital<br>• Mala comunicación: Risa inapropiada, Silenciamiento, Distracción, Amenazas, Mitos y ritos inciertos, Chivo expiatorio, Falta de atención selectiva, Adjetivos inapropiados, Doble mensaje (Zuk, 1982). ||

**Tabla 4.2** Áreas de consejería del docente

## 4.- Orientación Deportiva

La iniciación deportiva en un deporte de cooperación/oposición se puede considerar como el momento en el cual el niño comienza la práctica del deporte en la escuela o áreas deportivas y bajo la influencia del proceso de enseñanza aprendizaje aprende las habilidades y reglas básicas, así como los principios del juego que le permiten tener independencia para solucionar problemas tácticos en el juego.

Para ello se puede tomar como referencia el "Esquema General de las Etapas de Inicio, Desarrollo e Intensificación sobre las Fases Sensibles". Se entienden como fases sensibles los "períodos donde hay una entrenabilidad muy favorable para una capacidad motora" (véase tabla 4.3). Esto indica que "el aprendizaje puede realizarse cuando el niño está listo, es decir, cuando posee y domina los prerrequisitos de ese aprendizaje y la capacidad de reorganizarlos".

| Como orientación se puede tomar en consideración lo siguiente |
|---|
| **De los 4 a los 7 años** el objetivo será desarrollar la actividad motora (habilidades motoras básicas, coordinación, equilibrio, velocidad), el conocimiento del esquema corporal, la diferenciación segmentaria, afianzar la multilateralidad como base de la orientación espacial. |

Existen innumerables juegos y actividades que benefician este tipo de desarrollo.

**Entre los 8 y 9 años** se podrá comenzar con actividad pre deportiva, mini deportes. Esto último les permitirá elegir destrezas que estén de acuerdo con sus aptitudes motrices y funcionales. Sería conveniente la iniciación en las prácticas del atletismo, porque esto les permitirá perfeccionar el salto, el lanzamiento y la carrera, utilizando siempre la competencia como medio educativo y no como fin.

**De los 10 a los 12 años**, la habilidad general motora adquirida les permitirá manejar su cuerpo en el tiempo y en el espacio. En este momento ya se puede comenzar a desarrollar la habilidad motora específica, estimulando la flexibilidad, la fuerza (sin el empleo de cargas máximas) y la resistencia (más la aeróbica que la anaeróbica). Además, se trabajará para que el niño logre desarrollar el dominio y uso de su cuerpo en movimientos analíticos, así como la incorporación de técnicas y gestos propios de cada deporte.

**La etapa comprendida entre los 13 a los 15 años** es la de maduración puberal; es la etapa adolescente en la que ya se puede comenzar el deporte con sus reglas y sesiones de entrenamiento, respetando los momentos evolutivos propios de cada niño en particular, debido a la gran variabilidad que los cambios puberales presentan individualmente.

Los deportes pueden ser de equipo, como el fútbol, basquetbol, voleibol, hockey, etc., o individuales como la natación, tenis, atletismo, etc. Es importante controlar en los niños tanto el cansancio físico como la tensión psíquica y emotiva que provoca la participación en los deportes. De allí que la actividad física debe estar controlada y dirigida por docentes idóneos en educación física infantil, dosificando el entrenamiento de acuerdo con la edad biológica y las posibilidades de cada uno.

**A partir de los 16 años** el adolescente ya puede iniciar la práctica del deporte competitivo, ya sea en equipo o individual. En cuanto al levantamiento de pesas y físico culturismo, es conveniente esperar hasta el completo desarrollo morfofuncional del adolescente. En este aspecto, las opiniones son diametralmente opuestas: desde los fabricantes de equipos que sugieren que el entrenamiento de la fuerza debe iniciarse en la lactancia, hasta los que adoptan la postura de que el entrenamiento de la fuerza debe ser realizado solamente por los adultos. Quienes están a favor del entrenamiento de la fuerza a edades tempranas insisten en que hay que asegurarse de que se imparta una instrucción adecuada, que se apliquen estrictamente las reglas y el uso del equipo apropiado, como medios de prevenir lesiones. Pero no hay que olvidar que en los niños esto no está exento de riesgos. También, se atribuyen efectos positivos a esta conducta (Cancio y Calderín, 2010).

Tabla 4.3 Esquema General de las Etapas de Inicio, Desarrollo e Intensificación sobre las Fases Sensibles

## 5.- Orientación Artística

Como hemos visto, la formación integral apunta al desarrollo de las distintas esferas que conforman a la persona. Lograr un conocimiento, desarrollo e interacción de estas para la construcción consciente y armónica de la vida, la sociedad y la cultura, requieren de un acercamiento transversal a las manifestaciones de los fenómenos que en ellas ocurren, con lo cual se busca formar sujetos sociales y no simplemente sujetos productivos.

La educación artística tiene como objetivo "contribuir a la comprensión del panorama social y cultural en el que viven todos los individuos" (Efland, Freedman & Stuhr, 2003), su tarea es lograr dicha comprensión mediante un acercamiento a los bienes culturales, a su producción, significado y repercusión. Dada la naturaleza del arte como construcción que se sustenta en la apropiación de la realidad mediante la lectura y traducción subjetiva de ésta, posibilita que el estudiante se ubique en un contexto abierto a múltiples niveles de conexión e interpretación de la realidad. La subjetividad que subyace en el arte debe abrir espacios que permitan al estudiante conocer, analizar, comprender el entramado social y cultural, permitiendo que de él emanen sus propias lecturas e interpretaciones. La educación artística:

> "...ayuda en el aprendizaje escolar motivando el desarrollo mental, porque se aprenden nuevos conceptos, así mismo se ejercita la atención, la concentración, la imaginación, la memoria, la

91

observación, la iniciativa, la voluntad y la auto confianza. Cuando el niño se da cuenta de lo que es capaz de realizar al constatar sus posibilidades y límites" (Malagon y Cáceres).

La subjetividad abre espacios relacionados con los sentimientos, las percepciones, las emociones, cuestiones relacionadas con aquella parte de la formación que durante siglos ha sido relevada a segundo plano. La educación artística debe abrir espacios en los cuales el estudiante pueda desarrollar y expresar dichas subjetividades.

El arte propicia la aceptación de sí mismo y de los demás pues constantemente se ve impelido a interactuar con sus compañeros, conjugándose de esa manera el trabajo individual y colectivo, aprendiendo a comprender otras individualidades con sus diferencias y necesidades. Con la experiencia artística se cultivan y desarrollan los sentidos fortaleciéndose el desarrollo perceptivo y emocional, pues entra en contacto con las formas, los colores, las texturas, los sonidos, las experiencias visuales, el espacio, incluyendo toda una variedad de estímulos para la expresión

La educación abre el espacio al desarrollo de la capacidad expresiva, a la capacidad creadora en la que intervienen mecanismos relacionados con el desarrollo de la imaginación, la flexibilidad, la originalidad.

"Al crear se ponen en juego la integración de distintas habilidades como el análisis, la asociación, la síntesis así como las experiencias y conocimientos adquiridos. En la educación artística se pone en juego algo más que el conocimiento intelectual o cognitivo, pues el arte se convierte en herramienta esencial para formar personas que a lo largo de su vida puedan ir renovando los modelos prefijados y no solamente repetir lo que han hecho otras generaciones"

La educación artística permite acercarse al conocimiento y apreciación de bienes culturales creados a lo largo de la historia. En estos bienes está contenida la visión, el pensamiento, el sentir y percibir de generaciones que nos han precedido y de las cuales somos consecuencia. Comprender estas creaciones es comprender la esencia del ser humano.

En este sentido, si volvemos a la manera en que se conforma el arte posmoderno, la enseñanza del mismo abre las puertas para poder entrar en otras culturas, en su lectura a partir de una reorganización de sus lenguajes, de su deconstrucción, maniobra que si bien realiza el arte posmoderno, es posible de trasladar a la sala de clases con el objetivo de desentrañar y comprender los mecanismos que sustentan la conformación de una determinada obra, ya sea actual o bien de la tradición del arte.

Para que ello ocurra es preciso que el profesor guíe dicho proceso, dentro del cual es fundamental establecer un puente, un nexo con el contexto dentro del cual se está llevando a cabo. En este sentido es posible afirmar que el objetivo de la enseñanza artística en la actualidad debiese ser:

"Que los alumnos lleguen a entender los mundos sociales y culturales en los que viven. Estos mundos son representaciones creadas a partir de cualidades estéticas de los medios artísticos. Para entender como estas cualidades llegan a producir significado, es preciso que los estudiantes se enfrenten a ellas en su propia experiencia con diferentes medios."

"Un currículo artístico debería animar a los estudiantes a salir al encuentro de interpretaciones y concepciones de filósofos, historiadores del arte y críticos que hayan estudiado el fenómeno de las artes en toda su complejidad."

A diferencia del profesor que lleva a cabo la enseñanza bajo preceptos modernos, el profesor de orientación posmoderna ha de ser un profesor activo, capaz de generar vínculos mediante el manejo de distintas herramientas y disciplinas con la amplia gama de culturas visuales existentes. Estos profesores:

> "Asumen la tarea de descifrar las repercusiones de los contextos sociohistóricos en la construcción de las condiciones educativas, incluyendo el entorno ideológico de los profesores, estudiantes, administradores y los responsables de desarrollar los currículos." (Salinas, 2011).

## 6.- Orientación Socializadora

### Violencia en el Noviazgo

Actualmente diversos estudios afirman que el abuso sexual y la violencia en adolescentes ocurren con más frecuencia entre las parejas y que es el noviazgo en donde empiezan a desarrollarse distintas conductas antisociales que traen consigo graves consecuencias.

La violencia en el noviazgo constituye un serio problema para la salud física y mental de los adolescentes y repercute en el ánimo de autoridades, padres de familia y sociedad en general.

En general, la violencia en el noviazgo tiende a pasar desapercibida por los propios jóvenes; sin embargo, en las relaciones de noviazgo que establecen las y los jóvenes entre los 15 y 24 años hay expresiones de violencia de muy distinto tipo y en diferentes grados.

El Instituto nacional de Estadística, Geografía e Informática (INEGI) llevó a cabo la Encuesta Nacional de Violencia en las relaciones de Noviazgo 2007, la cual afirma que el 15% de las y los jóvenes han experimentado al menos un incidente de violencia física; asimismo, indica que el 76% de los y las jóvenes son víctimas de violencia psicológica y que el 16.5% de las jóvenes entrevistadas señalaron haber sufrido un evento de violencia sexual por parte de su pareja.

El docente orientador puede auxiliar a los padres a identificar la violencia en el noviazgo, cuando:

- Se expresan celos de amigos, compañeros o familiares

- Se quiere controlar todo lo que la pareja hace
- Se obliga, con chantajes y manipulaciones a tener relaciones sexuales
- Se critican constantemente los principios familiares de su pareja, la convicción personal y la religión
- Se critica constantemente ante la forma de vestir, de ser, de hablar
- Se trata de aislar a la pareja socialmente
- Se hacen escándalos en público y amenazas con el abandono si no hace lo que él o ella desea
- Coquetea con otros (as) de manera abierta
- Utiliza la lástima para justificar su actitud
- Promete cambios que nunca llegarán
- Ha hecho que la pareja sienta miedo de sus reacciones. Es decir, se irrita y tiene estallidos de violencia exagerados y luego actúa como si no hubiera pasado nada o ha llegado a amenazar con suicidarse
- Han existido ya agresiones físicas entre las cuales se encuentran: empujones, cachetadas, rasguños, golpes, entre otros
- Hace comparaciones con otras personas, dejando a su pareja incómodo/a y humillado/a
- Ha tocado, besado o acariciado a su pareja sin su consentimiento, poniendo en duda sus sentimientos o su amor

También, el profesor puede orientar a sus alumnos sobre la forma de iniciar y llevar un noviazgo sano:

- No te precipites, a cada momento dale su tiempo
- Se quiere a las personas por lo que son no por lo que tienen
- Si tu noviazgo es por imitar a los demás, seguro fracasas
- Comparte con tu pareja, comunícate, respeta su forma de pensar
- Propongan metas sanas, de estudio, de amistades
- La fidelidad es un elemento fundamental

### Las Pandillas

Los maestros como usted, pueden hacer mucho para impedir problemas de pandillas o para disminuir las consecuencias de hechos relacionados con las mismas y lo que es más importante, pueden evitar que sus alumnos se incorporen a las pandillas.

Entérese de la existencia de pandillas y de las señales de su actividad Mejore y aplique las aptitudes relativas a la educación de sus hijos. Únase a otras personas para que en su barrio no haya pandillas.

Los jóvenes (empiezan a los 9 o 10 años) se unen a las pandillas por motivos que a ellos les parecen razonables. Sus razones son diversas: Pertenecer a un grupo, Porque es emocionante, Para tener protección, Para ganar dinero, Para estar con amigos, etc.

El maestro se puede dar cuenta si sus alumnos son pandilleros, observando los siguientes indicios:

- Utilización de determinados colores o emblemas en gorras, etc.
- Señales especiales con las manos
- Tatuajes con símbolos y letras exclusivos
- Símbolos de la pandilla en graffitis, en libros o ropas
- Posesión inexplicable de importantes sumas de dinero
- Oposicionismo a las autoridades (maestros, padres, policías)
- Negativa a participar socialmente con la familia
- Amigos que no van a su casa
- Ausencias en la escuela sin permiso
- Desempeño escolar deficiente
- Interés en las armas

El maestro puede ayudar a sus alumnos para que no formen pandillas:

- Elabore opciones positivas ¿Qué alternativas existen actualmente para actividades después de clase? ¿Qué puede hacer para apoyarlas? Apoye las actividades juveniles positivas, como son los deportes, exploraciones, clubes sociales, etc.
- Apoye los programas contra el delito y la delincuencia. Contribuya a que el ámbito de su comunidad se mantenga grato, ordenado y bien cuidado.

- Colabore con la policía y asuma una posición de tolerancia "cero" respecto a la actividad de las pandillas y comparta o exprese su criterio siempre que corresponda.

## 7.- Orientación Sexual

La Organización Mundial de la Salud (OMS) la define como el estado completo de bienestar físico, psíquico y social y no sólo la ausencia de afecciones y enfermedades. Este modo de entender la salud, como un estado de bienestar general, ha dado lugar a nuevas líneas de actuación que complementan las ya existentes. Se trata no sólo de prevenir la enfermedad, sino de fomentar hábitos de vida saludable, estilos de vida y condiciones socio-ambientales que contribuyan a mejorar la calidad de vida de las personas.

Refiriéndonos a la adolescencia como un periodo de transición, con importantes cambios psicofísicos, la necesidad de abordar estos temas queda plenamente justificada, teniendo en cuenta además que en este periodo de edad la vulnerabilidad en la adquisición de costumbres, rutinas y hábitos para la salud es escasa.

Por lo tanto, se hace necesario la incorporación de la educación para la salud como un proceso formativo, participativo, destinado a capacitar a todas las personas para poder participar de forma responsable.

El principal papel del docente orientador es el de dinamizar su aplicación en la escuela y promover la participación de toda la comunidad escolar. Para ello el orientador deberá: conocer los programas de salud, conocer materiales y recursos existentes, poner en marcha estrategias metodológicas y técnicas educativas, así como participar en el análisis de necesidades educativas en relación a la salud (Tellez, 2009).

En este campo el maestro puede ser orientador de la sexualidad. Es la escuela y el aula en particular, el espacio virtual donde los docentes se desarrollan y dan muestra de sus capacidades. En esa convivencia diaria, alumnos y maestros se conocen y sin saberlo, hablan de sus necesidades y exigencias. La presencia de la menstruación en las jóvenes y de sueños húmedos en los varones, es muestra de una nueva dimensión de la sexualidad. Estas expresiones van acompañadas de una nueva imagen corporal en el andar, el vestir y el sentirse hombres o mujeres (Mayén, 1996).

La sexualidad es una dimensión que se mantiene desde el instante de la concepción hasta la muerte. Por este motivo, se necesitan conocimientos claros y precisos que la fortalezcan y permitan su potencialización de forma integral durante las diversas etapas evolutivas de las personas. Uno de los sectores profesionales que en la actualidad tiene la tarea de abordar esta dimensión en las nuevas y viejas generaciones es el colectivo de los docentes orientadores.

Por ello, este colectivo debe contar con los conocimientos adecuados y los insumos acordes con sus propias demandas y las de sus educandos. Requiere tener en cuenta las necesidades del entorno social para responder de manera adecuada a las exigencias de brindar, a las nuevas generaciones, una formación en la dimensión de la sexualidad humana con carácter científico, significativo y profesional, para que los vínculos afectivos y sexuales adquieran niveles de funcionalidad adecuados, así como una educación sexual bien cimentada y libre de sesgos, tanto conceptuales, actitudinales, como procedimentales (Fallas, 2009).

La educación sexual, entendida de este modo, se fundamenta en el bagaje científico y profesional, en una actitud positiva ante la sexualidad y la educación sexual, así como en el cultivo de una ética relacional. Pretende que las personas vivan de manera responsable y saludable las diversas posibilidades de la sexualidad. Su fin último es que el orientado(a) se asuman como seres sexuados de una forma positiva, vivan su sexualidad de manera saludable y establezcan relaciones interpersonales gratificantes y no discriminatorias (Fallas, Artavia y Gamboa, 2012).

El currículo mínimo para ofrecer esta orientación es el siguiente:

- La respuesta sexual humana (etapas)
- Disfunciones sexuales (por etapas)
- Expresiones de la sexualidad (modos)

- Enfermedades de transmisión sexual (formas de prevenirlas)
- Métodos anticonceptivos (carteles demostrativos)

Resulta particularmente importante el generar acciones y hacer hincapié sobre todo en la prevención del contagio del VIH-SIDA (García, 2010) y del embarazo adolescente (spaj.org.pe, 2007).

## 8.- Orientación sobre Derechos Humanos

Actualmente el derecho a la educación es uno de los principales tópicos en la agenda internacional. Se reconoce así en diversos tratados sobre los derechos humanos y por los gobiernos como una meta principal para el desarrollo y la transformación social. Esto se ejemplifica en los propósitos internacionales que se han establecido durante los últimos 20 años. La meta de una educación universal se estableció en Jomtien (Tailandia) en 1990 y se confirmó en el año 2000 durante el Foro de Educación Mundial en Dakar (Senegal).

Concretamente, se ha planteado: 1) el derecho al acceso a la educación, 2) el derecho a una educación de calidad, 3) el derecho al respeto a la dignidad humana en los ambientes educativos.

El Programa Mundial para el Plan de Acción sobre Derechos Humanos en la Educación, ha identificado cinco componentes esenciales para alcanzar una educación basada en los derechos humanos: 1) invertir en políticas educativas, 2) implementar políticas educativas basadas en los derechos humanos, 3) mejorar el ambiente escolar, 4) mejorar la metodología de enseñanza y la eficiencia del aprendizaje, 5) desarrollar profesionalmente a los profesores (UNICEF, 2007).

Congruente con esta situación, el docente orientador debe estar preparado para informar a sus alumnos y a la comunidad escolar sobre el tema de los derechos humanos y para ello, abordar el panorama siguiente:

## DERECHOS HUMANOS

- Derechos Civiles y Políticos Derecho a la vida Derecho a la integridad personal Derecho a la igualdad Derecho a la libertad
- Derecho al honor, a la vida privada y la información Derechos políticos
- Derechos frente a las Administraciones Asilo, nacionalidad, migraciones y extranjería
- Derechos en relación a la Administración de Justicia
- Derechos de los detenidos y presos y de los inculpados en procesos penales
- Derechos Económicos, Sociales y Culturales
- Seguridad Social - Salud - Educación - Nivel de vida adecuado y medios de subsistencia (vivienda, alimentación, agua) - Familia - Medio Ambiente - Otros

- Derechos en relación al Empleo (Derechos laborales)
- Derechos de los Pueblos
- Derechos de las Víctimas de Violaciones de Derechos Humanos

## 9.- Protección Civil

La Protección Civil nace el 12 de agosto de 1949 en el Protocolo 2 adicional al Tratado de Ginebra "Protección a las víctimas de los conflictos armados internacionales", siendo una de las disposiciones otorgadas para facilitar el trabajo de la Cruz Roja, el cual nos indica:

Se entiende por Protección Civil: al cumplimiento de algunas o todas las tareas humanitarias destinadas a proteger a la población contra los peligros de las hostilidades y catástrofes, ayudarla a recuperarse de sus efectos inmediatos, así como a facilitar las condiciones necesarias para su supervivencia.

Estas tareas son las siguientes:

- Servicio de alarma
- Evacuación
- Habilitación y organización de refugios
- Aplicación de medidas de oscurecimiento
- Salvamento
- Servicios sanitarios, incluidos los de primeros auxilios y asistencia religiosa
- Lucha contra incendios

- Detección y señalamiento de zonas peligrosas
- Descontaminación y medidas similares de protección
- Provisión de alojamiento y abastecimientos de urgencia
- Ayuda en caso de urgencia para el restablecimiento y el mantenimiento del orden en zonas damnificadas
- Medidas de urgencia para el restablecimiento de los servicios públicos indispensables
- Servicios funerarios de urgencia
- Asistencia para la preservación de los bienes esenciales para la supervivencia
- Protección Civil en México: La Ley General de Protección Civil publicada en el Diario Oficial de la Federación el 6 de junio del año 2012, define a la Protección Civil como: "Conjunto de disposiciones, medidas y acciones destinadas a la prevención, auxilio y recuperación de la población ante la eventualidad de un desastre"
- Ley General de Protección Civil en su artículo 10 enuncia: "Proteger a la persona ya la sociedad ante la eventualidad de un desastre, provocado por agentes naturales o humanos, a través de acciones que reduzcan o eliminen la pérdida de vidas, la afectación de la planta productiva, la destrucción de bienes materiales, el daño a la naturaleza y la interrupción de las funciones esenciales de la sociedad, así como el de procurar la recuperación de la población y su entorno a las condiciones de vida que tenían antes del desastre" (IMSS, Dirección de Prestaciones Médicas).

Congruente con este contexto y a sabiendas de los riesgos a los que toda la población estamos expuestos, sobre todo por los fenómenos naturales que han azotado a nuestro país y a nuestra comunidad, el maestro tiene la obligación de orientar a sus alumnos y a la comunidad escolar sobre acciones precisas de protección civil bajo el siguiente currículo mínimo:

Medidas preventivas en caso de: Sismos, Inundaciones e Incendios

- Evacuación de inmuebles
- Escenarios y simulacros


## 10.- Orientación Ecológica

Desde siempre la especie humana ha interaccionado con el medio y lo ha modificado, los problemas ambientales no son nuevos. Sin embargo, lo que hace especialmente preocupante la situación actual es la aceleración de esas modificaciones, su carácter masivo y la universalidad de sus consecuencias.

Los problemas ambientales ya no aparecen como independientes unos de otros sino que constituyen elementos que se relacionan entre sí configurando una realidad diferente a la simple acumulación de todos ellos. Por ello, hoy en día podemos hablar de algo más que de simples problemas ambientales, nos enfrentamos a una auténtica crisis ambiental y la gravedad de la crisis se manifiesta en su carácter global.

Las relaciones entre educación y medio ambiente no son nuevas, sin embargo, la novedad que aporta la educación ambiental es que el medio ambiente, además de medio educativo, contenido a estudiar o recurso didáctico, aparece con identidad suficiente como para constituirse en finalidad y objeto de la educación.

De esta forma, aunque sus raíces son antiguas, la educación ambiental, como la entendemos hoy en día, es un concepto relativamente nuevo que pasa a un primer plano a finales de los años sesenta.

Estos planteamientos alcanzan rápidamente un reconocimiento institucional. Así por ejemplo, en el ámbito internacional, ha sido la Organización de las Naciones Unidas, a través de sus organismos (UNESCO y PNUMA fundamentalmente), la primera impulsora de estudios y programas relativos a la educación ambiental.

Un propósito fundamental de la educación ambiental es lograr que tanto los individuos como las colectividades comprendan la naturaleza compleja del medio ambiente (resultante de la interacción de sus diferentes aspectos: físicos, biológicos, sociales, culturales, económicos, etc.) y adquieran los conocimientos, los valores y las habilidades prácticas para participar responsable y eficazmente en la prevención y solución de los problemas ambientales y en la gestión de la calidad del medio ambiente.

Por lo tanto, la educación ambiental, más que limitarse a un aspecto concreto del proceso educativo, debe convertirse en una base privilegiada para elaborar un nuevo estilo de vida. Ha de ser práctica educativa abierta a la vida social para que los miembros de la sociedad participen, según sus posibilidades, en la tarea compleja y solidaria de mejorar las relaciones entre la humanidad y su medio (Martínez Huerta J. F.).

De esta manera, el docente orientador tiene que estar capacitado y así formar a sus alumnos para:

- La reducción de emisiones contaminantes
- El manejo razonable de la fauna nociva
- El reciclaje de materiales
- El consumo razonable de energía
- El manejo razonable de residuos peligrosos
- La separación de la basura en orgánica y no orgánica
- El uso razonable del agua
- La promoción de acciones de reforestación
- El respeto absoluto de la vida silvestre

## CONCLUSIÓN

La educación es el establecimiento de un repertorio conductual que representará en el futuro una ventaja para el sujeto y para los demás (Skinner, 1971). Actualmente, la institución educativa se encuentra en un proceso de cambio para abandonar las viejas prácticas basadas en el control negativo de la conducta, ejemplificado por el uso del castigo físico (La letra con sangre entra), la amenaza (de reprobación, de expulsión, etc.) y otras, para hacer uso de un control positivo (inclusión, reconocimiento), en donde el maestro, como agente de cambio fundamental en los procesos sociales y culturales de la comunidad, juega un papel preponderante.

Pero no solo se trata de mejorar las prácticas educativas, también es necesario el mejoramiento de los escenarios y de los contenidos curriculares para lograr una educación de calidad a la que todos los niños y jóvenes tienen derecho. Aquí la participación del maestro también resulta de gran valor. No obstante, siendo el docente la figura más cercana a sus alumnos, cuando estos tienen la confianza para acercarse a él (o ella) y expresarle sus inquietudes, sus problemas o preocupaciones, así como sus planes futuros, el docente se convierte en un orientador que no solo apoya a sus estudiantes y sus familiares, sino que se convierte en ejemplo y guía de la transformación que impulsa para un futuro mejor.

La sociedad en su conjunto debe reconocer al docente comprometido con este cambio y tiene que proporcionarle los elementos que requiere para actuar con plenitud su papel trasformador.

## BIBLIOGRAFÍA

Boza A. (2001) Ser profesor, ser tutor. Orientación educativa para docentes. Huelva, España: Hergué

Cano González, R. (2013), Orientación y tutoría con el alumnado y las familias Madrid, Biblioteca Nueva.

Cancio Sellés R. E. y Calderín Arbolei O. (2010) Consideraciones a tener en cuenta para la iniciación deportiva. Revista Digital - Buenos Aires -Año 14 - No. 14 http://www.efdeportes.com/efd141/consideraciones-para-la-iniciacion-deportiva.htm

Cueli, J. (1982) Vocación y efectos. México: Ed. Limusa

Diez G. Enrique (2008) Globalización y educación crítica. Colección Alfredo

Maneiro. Serie Comunicación y Sociedad. Editorial El perro y la rana. Caracas, Venezuela.

Echeverría (1997) Citado en: Rol del docente como Orientador. http://faseupel2012.blogspot.mx/2012/05/ rol-del-docente-como-orientador.html Recuperado en Septiembre del 2016

Efland, Arthur D., Freedman, Kerry., Stuhr, Patricia. (2003) Problemas curriculares a finales de siglo: Educación del arte y posmodernidad. En: La educación en el arte posmoderno. España, Editorial Paidós.

Engels F. (2004) El origen de la familia, la propiedad privada y el estado.

Ed.: Nuestra América Fallas, A. (2009) Educación afectiva y sexual. Programa de formación docente de secundaria. Tesis doctoral. Universidad de salamanca, España.

Fallas Vargas M. A., Artavia Aguilar C., y Gamboa Jiménez A. (2012) Educación Sexual: Orientadores y orientadoras desde el modelo biográfico y profesional. Revista Electrónica Educare, Vol. 16, 53 - 71 URL: http://www.una.ac.cr/educare

Gamelli A. (1956) La orientación profesional. España: Ed. Razón y Fe.

García F. (2010) Actitud de docentes orientadores en prevención de VIH/Sida. Comunidad y Salud, 8, 59 -68

Garnica Correa G. A. y Ramírez Magallanes Y. Profesor-orientador: ¿Nuevo perfil ante un nuevo currículo? Revista EGE - Investigaciones. ftp://sata.ruv.itesm.mx/portalesTE/.../Mantenimiento/EGE/ .../revista_ ege_17_1.pdf Recuperado en Septiembre del 2016.

Informe del Consejo Europeo de Lisboa (2006). Futuros objetivos precisos de los sistemas educativos. http://europa.eu/scadplus/leg/es/cha/c11049.htm Recuperado en Septiembre del 2016

IMSS - Dirección de Prestaciones Médicas. Unidad 1: Generalidades. Tema 1: Historia de la Protección Civil.cvoed.imss.gob.mx/COED/.../ 1.%20HISTORIA%20PROTECCION%20CIVIL.pdf

Jiménez A. P. (1996) Métodos y técnicas de orientación. Módulo III. Diplomado en orientación educativa. Centro internacional de educación avanzada, A. C. Universidad Autónoma de Tamaulipas

Magaña G. M. (1996) Centro internacional de educación avanzada A. C. (Diplomado en orientación educativa). Módulo IV. Hermosillo, Sonora

Malagon, María Eugenia y Cáceres, Gloria. La educación artística como formación del ser humano. [en línea]. Michoacán, México. www.legislacionypoliticaculturalmichoacan.gob.mx/.../3.2. Recuperado en Septiembre del 2016

Martínez Garrido C. A., Kricheski G. J., y García Barrera A. El Orientador escolar como agente interno de cambio. http://rieoei.org/rie54a05.htm Recuperado en Septiembre del 2016.

Martínez Huerta J. F. Fundamentos de la Educación Ambiental. www.unescoetxea.org Recuperado en septiembre del 2016

Mayén Hernández B. (1996) El maestro como educador de la sexualidad. En: Hablemos de sexualidad - Lecturas. Compl.: Aguilar Gil y B. Mayén H. Ed. México, CONAPO-Mexfan

Ortiz Bayona M. C. y N. Ortiz J. M. (2011) Importancia de la orientación educativa y tutoría en algunos niveles de intervención. ujed.mx/Todo/documentos/pdf/eje_2/2_09.pdf Recuperado en Octubre del 2016

Pedraza Longi J. (1998) Procesos individuales y grupales de orientación. Antología del curso. División de estudios de posgrado, Departamento de Ciencias de la Educación, Universidad Autónoma de Tlaxcala, Tlaxcala.

Prieto F. Luis B. (1984) Principios generales de la educación. Fondo editorial

Ipasme. Caracas, Venezuela. Ríos González JA. Manual de orientación y terapia familiar. Madrid: Instituto de Ciencias del Hombre; 1994. Disponible en:

http://www.librosintinta.in/busca/jose-a-rios-manual-de-orientacion-y-terapia-familiar/pdf/start-10/

Salinas Neumann A. C. (2011) El Docente de Artes Visuales como Mediador Cultural. Tésis: Universidad de Chile, Facultad de Artes. repositorio.uchile.cl/handle/2250/101308 Recuperado en Septiembre del 2016

Skinner B. F. (1971) Ciencia y Conducta Humana. Ed. Fontanella, Barcelona. spaj.org.pe/zspaj/wp-content/uploads/.../ 1 Ganador_segundo_premio_2007.pdf

Percepción y actuación de docentes de nivel secundario frente al embarazo adolescente en instituciones educativas de Paita

Tébar, B. L. (2003) El perfil del profesor mediador. Madrid: Santillana.

Tellez Gallego M. I. (2009) El docente como educador para la salud. Innovación y experiencias educativas, No. 23 - Octubre

Torres González M. (2003) Familia, unidad y diversidad. La Habana: Editorial Pueblo y Educación.

UNICEF - (2007) A Human Rights - Based Approach to Education.

United Nations Educational, Scientific and Cultural Organization. Vaillant, D. (2005) Formación de docentes en América Latina. Barcelona: Octaedro.

Zuk G. (1982) Psicoterapia familiar: Un enfoque tríadico. México: Fondo de Cultura Económico.

# 5

## PROBLEMAS DE APRENDIZAJE: DETECCIÓN OPORTUNA

**Carmen del Rosario González Zaizar**

Las investigaciones demuestran que en los Estados Unidos entre el 8 y el 10 por ciento de los niños menores de 18 años de edad tienen algún tipo de problema de aprendizaje.

Los problemas de aprendizaje afectan a 1 de cada 10 niños en edad escolar.

¿Qué son los problemas de aprendizaje?

Los problemas o dificultades de aprendizaje son trastornos que afectan la capacidad de entender o usar el lenguaje hablado o escrito, hacer operaciones matemáticas, coordinar los movimientos o dirigir la atención. Si bien los problemas de aprendizaje se presentan en los niños muy pequeños, los trastornos no se suelen reconocer hasta cuando el niño alcanza la edad escolar.

Estos problemas generalmente son detectados en los pequeños a partir de los 5 años y constituyen una gran preocupación para muchos padres, ya que afectan al rendimiento escolar.

El concepto ha ido cambiando a lo largo del tiempo y en la actualidad se prefiere el uso del término: dificultades del aprendizaje.

El término "dificultades de aprendizaje" hace referencia a problemas en cualquiera de las siete áreas de aprendizaje que incluyen:

- comprensión auditiva
- expresión lingüística
- habilidades de lectura
- comprensión lectora
- lenguaje escrito
- cálculo
- problemas matemáticos

Las dificultades consisten en deficiencias para captar, procesar y dominar nueva información lo que afecta el rendimiento escolar y las relaciones interpersonales. Cuando hablamos de dificultades de aprendizaje nos referimos a una amplia gama de problemas en la escuela, en el hogar y en la sociedad en general.

Con información de la organización Healthy Children aquí te enumeramos algunos de los problemas más comunes:

**Dislexia**

Se trata de la dificultad para leer que suele darse en la niñez y se perpetúa más allá de la adolescencia. No es un problema de visión, sino de la forma en que se procesa la secuencia de la información que recibe de los ojos. En otro tipo de dislexia la dificultad radica en la demora en relacionar una palabra con su significado, lo que retarda la comprensión.

**Disgráfia**

Es la dificultad para escribir, como resultado de la dislexia, una coordinación motora deficiente o de problemas para entender (interpretar) el espacio. Se presenta con palabras ilegibles, mal escritas y mala ortografía.

**Discalculia**

Es la dificultad para hacer cálculos matemáticos incluyendo conceptos matemáticos básicos. Discapacidad de la memoria y el procesamiento auditivo. Dificultad para comprender y recordar palabras o sonidos porque la memoria no está almacenándolas ni descifrándolas de manera correcta.

**Trastorno por déficit de atención e hiperactividad- TDHA.**

Este trastorno del comportamiento incluye problemas del aprendizaje y del lenguaje, agresión, problemas de disciplina, depresión o ansiedad.

**Trastorno del espectro autista**

El autismo incluye una variedad síntomas que van de leves a graves como capacidades sociales deficientes, hipersensibilidad a imágenes y sonidos y dificultades para adaptarse al cambio, principalmente.

**El síndrome de Asperger**

Se le conoce como un autismo leve, en donde los niños presentan inteligencia promedio o superior al promedio, así como precocidad verbal que les genera dificultades para interactuar en entornos sociales.

LOS ALUMNOS CON DIFICULTADES DE APRENDIZAJE (DA) CONFORMAN EL GRUPO MÁS AMPLIO Y DE MAYOR CRECIMIENTO DE ENTRE LOS QUE REQUIEREN NECESIDADES ESPECIALES EN LA ESCUELA.

El primer paso para manejar adecuadamente estos problemas es identificar las dificultades que atraviesa un niño en el proceso de aprendizaje para obtener la ayuda que necesita para salir adelante.

Su dificultad está en captar, procesar y dominar las tareas e informaciones. El niño simplemente no puede hacer lo mismo que los demás, aunque su nivel de inteligencia sea el mismo.

Muchos de estos niños presentan dificultades en más de un área de aprendizaje y asimismo pueden presentar problemas de atención, adaptación emocional y/o comportamiento (Lyon, Shaywitz & Shaywitz, 2003).

El niño con trastorno de aprendizaje tiene una pauta desigual en su desarrollo, puede no tener disfuncionamiento del sistema nervioso central, no debe sus problemas de aprendizaje a pobreza ambiental y/o los problemas de aprendizaje no se deben a retraso mental o a trastornos emocionales.

En definitiva, sólo resulta procedente hablar de DA cuando hacemos referencia a:

- Niños y niñas que tienen un cociente intelectual normal o muy próximo a la normalidad o incluso superior.
- Su ambiente socio familiar es normal.
- No presentan déficits sensoriales ni afecciones neurológicas significativas.
- Su rendimiento escolar se manifiesta y es reiteradamente insatisfactorio.

Algunas indicaciones orientativas que pueden hacer sospechar a los padres y/o maestros que el niño tiene un problema del aprendizaje son:

- Actividad motriz: hiperactividad o hipo actividad, torpeza motora, dificultad en la coordinación…
- Atención: bajo umbral de concentración, dispersión…
- Área matemática: problemas en seriaciones, inversión de cifras, reiterados errores en el cálculo…
- Área verbal: problemas en la codificación/decodificación simbólica, irregularidades lectoescritoras, disgráfias, etc. Puede tener problemas en aprender el alfabeto, hacer rimar las palabras o conectar las letras

con sus sonidos; puede cometer errores al leer en voz alta, y repetir o detenerse a menudo; puede no comprender lo que lee; puede tener dificultades con deletrear palabras; puede tener una letra desordenada, tomar el lápiz torpemente; problemas para expresar sus ideas por escrito; puede aprender el lenguaje de manera tardía y tener un vocabulario limitado; limitaciones en recordar los sonidos de las letras o escuchar pequeñas diferencias entre las palabras; problemas en comprender bromas, historietas cómics ilustrados y sarcasmo; puede tener dificultades en seguir instrucciones; puede pronunciar mal las palabras o usar una palabra incorrecta que suena similar; complicaciones en organizar lo que desea decir o no puede pensar en la palabra que necesita para escribir o conversar; puede no seguir las reglas sociales de la conversación, tales como tomar turnos; puede confundir los símbolos matemáticos y leer mal los números; puede no poder repetir un cuento en orden (lo que ocurrió primero, segundo, tercero) o puede no saber dónde comenzar una tarea o cómo seguir desde allí.

- Emotividad: desajustes emocionales leves, escasa autoafirmación personal...
- Memoria: dificultades de fijación, problemas en la memoria operativa (Baddeley, A. 2006).
- Percepción: inadecuada reproducción de formas geométricas, confusión figura-fondo, inversiones de letras, rotaciones, dificultad para distinguir entre la derecha y la izquierda.

- Sociabilidad: inhibición participativa, escasa habilidad social, agresividad…

Es probable que el pequeño no exhiba todas estas señales, ni siquiera la mayoría de ellas. Sin embargo, si exhibe varios de estos problemas, entonces los padres y maestros deben considerar la posibilidad de que el niño tenga un problema del aprendizaje.

El diagnóstico y el proceso de intervención de las dificultades de aprendizaje parten del análisis de las denominadas "habilidades elementales", básicas y necesarias para que, a partir de ellas, el sujeto pueda construir y desempeñar conductas propias del aprendizaje de la lectura, la escritura y el cálculo, tales como leer, escribir, comprender, etc.

Los problemas del aprendizaje tienden a ser diagnosticados cuando los niños llegan a la edad escolar. Los maestros y los padres observan que el niño no está aprendiendo como se esperaba.

Se puede establecer una clara relación de secuencialidad entre dichas habilidades elementales y las manifestaciones o los errores típicos de las dificultades en el aprendizaje; de ahí que el diagnóstico de las dificultades disléxicas, digrafías y discalculias se puedan iniciar a partir de los denominados signos precursores, existiendo así la posibilidad de realizar una recuperación precoz de las funciones neuropsicológicas deficientes.

Los niños con déficit en lectura leen menos, adquieren menos conocimientos generales y específicos y ello afecta en las habilidades verbales y en el rendimiento (Ardila &Reynolds, 2000).

Además, muchos estudios evidencian que los escolares con discapacidad lectora no realizan bien diversas pruebas de memoria (amplitud de dígitos, recuerdo de secuencias de letras, palabras sin sentido y ordenar palabras). La dificultad para recordar una serie de palabras precede al diagnóstico de la discapacidad lectora y parece que es un factor de riesgo y no una consecuencia de los problemas de lectura (Adams & Gathercole, 2000).

Los malos lectores son incapaces de utilizar la estructura fonológica del lenguaje para mantener secuencias de letras en la memoria a corto plazo (Riccio, Garland & Cohen, 2007).

Cualquier intervención que se inicie ha de ir precedida de un diagnóstico diferencial, por ello es importante realizar una valoración neuropsicológica y logopédica, para conocer las funciones alteradas y las preservadas. Las áreas susceptibles de evaluación son: habilidades cognitivas generales, motricidad, percepción visual, lenguaje expresivo y receptivo, lecto-escritura, memoria verbal y visual, atención selectiva, sostenida y dividida, funciones ejecutivas y habilidades académicas.

La importancia de la detección temprana de problemas del aprendizaje.

Tanto las familias como los profesionales que tenemos la suerte de trabajar y ayudar al adecuado desarrollo de los más pequeños estarán muy de acuerdo con que la prevención en cualquier área es clave para el éxito, pero cuando tiene que ver con nuestros niños y niñas creemos que se convierte en algo fundamental. Es por eso que muchos se preguntan si es viable llevar a cabo una detección temprana de los niños y niñas que se encuentran en las etapas de educación infantil.

Una de las ventajas de una detección temprana de dificultades del aprendizaje y desarrollo es que cuanto antes se realice esa detección, menor es la intervención que se tendrá que realizar para paliar los efectos negativos puesto que evitamos que afecte a diferentes áreas del desarrollo del menor.

Por ejemplo, si detectamos una dislexia en las primeras etapas de aprendizaje, se puede dar el apoyo específico para el niño o niña evitando así, malestar y desmotivación a la hora de aprender a leer y escribir; además su autoestima no se resentirá por no saber hacer lo mismo que sus compañeros, y a largo plazo se evitará un bajo rendimiento o fracaso escolar, así como problemas emocionales.

Otros trastornos que afectan tanto a la vida académica como social y personal de los niños, se benefician mucho de la detección precoz como es el TDAH. En el ámbito educativo, una detección a tiempo, es una victoria para el niño, para su familia y para el sistema educativo, ya que se evitan situaciones que pueden acabar en fracaso escolar o problemas emocionales derivados de la falta de atención y orientación especializada.

## COMO DETECTAR PROBLEMAS DE APRENDIZAJE.

Generalmente se habla de dificultades de aprendizaje cuando existen problemas en el cálculo, lectura, razonamiento / comprensión y escritura, pueden existir problemas espaciales, procesos lingüísticos erróneos atención o memoria que provoquen o acompañen a las dificultades de aprendizaje.

Es importante descartar que el niño no presente ningún problema neurológico, auditivo o visual. Los problemas de aprendizaje pueden provocar que surjan otros síntomas asociados que nos indicarían que algo sucede: desmotivación, baja autoestima, déficit en habilidades sociales e incluso abandono escolar.

A veces no son los padres quienes detectan estas dificultades sino los profesores que observan un retraso en el aprendizaje del niño con respecto a los demás y les aconsejan que acudan a un profesional con el fin de solucionarlos cuanto antes. Pero ¿cuándo acudir?

Es importante acudir al especialista si existe un problema de lenguaje a partir de los 4 -5 años. Si aparecen problemas en la adquisición de la lectoescritura a partir de los 6 -7 años y si aparecen problemas de comprensión lectora, atención, cálculo a partir de los 8 años. Aunque nunca es tarde, es cierto que cuánto más se tarde en iniciar el tratamiento, mayor será el tiempo que se precise para mejorar sus capacidades.

Algunos síntomas que podrían indicar un trastorno del aprendizaje, en niños menores de 5 años, son: retraso del habla, problemas de pronunciación y dificultades para aprender nuevas palabras y para aprender a leer.

Cada niño es diferente y suele tener un ritmo y estilo para aprender. Sin embargo, en ocasiones la dificultad para aprender puede estar relacionada con un trastorno que afecta la forma en la que su cerebro procesa la información.

Padecer un trastorno de aprendizaje no quiere decir que el niño tenga dificultades para pensar; por el contrario, en muchos casos se ha encontrado que estos pequeños tienen una inteligencia superior a la normal, pero se les dificulta expresar lo que saben. Por ejemplo, es común que un niño con un trastorno del aprendizaje entienda perfectamente la trama de un libro que lee, pero no sepa responder a las preguntas que le haces sobre ésta. O tal vez pueda recitar con mucha facilidad el alfabeto de corrido, de la A a la Z, pero no será capaz de nombrar las letras del alfabeto por separado.

La dificultad para aprender ciertos temas ocasiona que los niños sientan frustración y enojo, además de una baja autoestima y, a veces, presenten cuadros depresivos. Ron Liebman, psiquiatra infantil, señala que "por algún motivo, la información que ingresa por los ojos y los oídos de los niños con trastornos del aprendizaje, no se traduce correctamente. Por lo tanto, la respuesta que surge del niño no es la apropiada".

Los trastornos del aprendizaje generalmente se agrupan en tres categorías:

1. Trastornos del habla o lenguaje.
2. Problemas para leer, escribir y aprender matemáticas.
3. Problemas de coordinación, motricidad o memoria.

Entre los signos que podrían indicar un trastorno del aprendizaje en niños menores de 5 años, se incluyen:

- Retraso del habla.
- Problemas de pronunciación.
- Dificultad para aprender nuevas palabras.
- Dificultad para aprender a leer.
- Dificultad para aprender los números o el alfabeto.
- Intervalos de atención cortos.
- Dificultad para seguir instrucciones.
- Dificultad para sostener correctamente el crayón o la lapicera.

No obstante, los científicos no recomiendan diagnosticar trastornos del aprendizaje en niños pequeños, ya que a esa edad se aprende a ritmos totalmente diferentes. De acuerdo con Liebman, no se puede llegar a un buen diagnóstico hasta que el niño esté en tercer grado de primaria.

El especialista aconseja que, si los padres de familia están preocupados por la capacidad de su hijo para leer, escribir o hablar, es conveniente platicar con su maestro para conocer su punto de vista. "Los maestros suelen detectar rápidamente los indicios tempranos de un trastorno de aprendizaje", menciona. Un buen diagnóstico y la intervención temprana son cruciales y pueden tener un gran impacto en el futuro académico del niño.

La vida escolar es una parte importante en la vida de un niño. Del estado de salud, de la estructura de su personalidad y del ambiente va a depender que puedan lograr una buena adaptación a la escuela. Por ello se deben considerar los factores que influyen en las dificultades de aprendizaje, y a la menor sospecha consultar con el especialista adecuado. La detección precoz es fundamental.

Nos encontraremos ante un problema de aprendizaje cuando exista alguna dificultad en las áreas de la visión, audición, habla, lectura, escritura, cálculo, razonamiento, atención o psicomotricidad, sobre las que se basan las habilidades necesarias para poder leer, escribir, comprender y realizar todas las tareas escolares.

Es muy importante identificar y diagnosticar correctamente las dificultades que presenten los niños con problemas de aprendizaje, ya que entorpecen su labor escolar, sintiéndose angustiados y fracasados por su bajo rendimiento en las aulas. Estas dificultades interfieren en los aprendizajes posteriores a los que el niño estará expuesto, y en algunos casos serán irreversibles en la formación del concepto de sí mismo y de su autoestima.

Síntomas o señales de alerta:

- El niño es muy inquieto – Se mueve mucho físicamente.
- Es disperso – No puede concentrarse.
- No sigue instrucciones correctamente.
- Poca habilidad para procesar la información.
- Es impulsivo – Trabaja rápida e impulsivamente y no termina, y/o comete muchos errores.
- Es lento – Trabaja lentamente y no termina.
- Dificultades de memorización.
- Tiene deficiencias en el lenguaje.
- Lee mal – Invierte o se salta letras y palabras.
- Escribe mal – Invierte o se salta letras y palabras.
- Dificultades de comprensión oral y/o escrita.
- Tiene algún déficit en la motricidad gruesa o fina.
- Muestra dificultad en el razonamiento matemático.
- Disminución significativa del rendimiento escolar.
- Desmotivación, baja autoestima.

- Cambios de humor, déficit en habilidades sociales o abandono escolar.

Un síntoma es posible que no signifique nada. Dos o más son indicativos de problemas de aprendizaje. Es importante la observación y detección por parte del profesor cuando aprecie un retraso en el aprendizaje del niño con respecto a los demás, ya que cuenta con un "calibrador del nivel de dificultad", basándose en su propia experiencia y en la comparación con un grupo semejante.

**¿Cuál debe ser el papel de los padres?**

Deben valorar siempre los pequeños éxitos, animando al niño a confiar en sí mismo y a valorarse. Hay que enseñarles a no desanimarse ante los primeros fracasos, que hay que ser tenaz y buscar alternativas. Y también es muy importante fomentar la lectura desde pequeños: contar cuentos, hacer que los cuenten ellos, animarles cuando lean alguna cosa, etc. Y ayudarles a crear un buen hábito diario de trabajo y estudio.

**¿Cuándo acudir a un especialista?**

Es fundamental la detección precoz. A la menor sospecha se debe consultar con el especialista adecuado: maestro, profesor, orientador, pediatra, psicólogo, pedagogo, logopeda, optometrista, neurólogo, psiquiatra, etc. Dependiendo de las características de cada caso habrá que recurrir al más adecuado, descartando previamente las dificultades físicas (vista, oído, psicomotricidad), para después pasar a analizar dificultades o trastornos psicológicos, neurológicos, etc.

| Educación infantil (0-6 años) |
| --- |
| **Lenguaje:**<br><br>• Problemas de pronunciación, habla ininteligible<br>• Dificultad para entender órdenes sencillas.<br>• Dificultad para entender preguntas<br>• Desarrollo lento en la adquisición de palabras y/o frases<br>• Dificultad para expresar deseos o necesidades a través del lenguaje oral<br>• Dificultad para rimar palabras<br>• Falta de interés en relatos o cuentos<br><br>**Motricidad:**<br><br>• Torpeza en motricidad gruesa (como correr, saltar)<br>• Equilibrio pobre<br>• Torpeza en la manipulación fina (como atarse botones o ponerse los zapatos)<br>• Evitación de actividades como dibujar, hacer trazos, etc.<br><br>**Desarrollo cognitivo:**<br><br>• Problemas en memorizar los días de la semana, el alfabeto, etc.<br>• Problemas para recordar las actividades rutinarias |

- Dificultades en la noción causa-efecto, en contar y secuenciar
- Dificultades en conceptos básicos (como tamaño, forma, color)

**Atención:**

- Alta distraibilidad, dificultades para permanecer en una tarea
- Hiperactividad y/o impulsividad excesiva

**Habilidad social:**

- Problemas de interacción, juega solo
- Cambios de humor bruscos
- Fácilmente frustrable
- Rabietas frecuentes
- Repetición constante de ideas, dificultad para cambiar de idea o de actividad

| Educación primaria |
|:---:|

**Lenguaje:**

- Dificultad para aprender la correspondencia entre sonido/letra
- Errores al leer
- Dificultades para recordar palabras básicas
- Inhabilidad para contar una historia en una secuencia

**Matemáticas:**

- Problemas para aprender la hora o contar dinero

- Confusión de los signos matemáticos
- Transposición en la escritura de cifras
- Problemas para memorizar conceptos matemáticos
- Problemas para entender la posición de los números
- Dificultades para recordar los pasos de las operaciones matemáticas

**Motricidad:**

- Torpeza, pobre coordinación motor
- Dificultad para copiar en la pizarra
- Dificultad para alinear las cifras en una operación matemática
- Escritura pobre

**Atención:**

- Dificultades para concentrarse en una tarea
- Dificultades para terminar un trabajo a tiempo
- Inhabilidad para seguir múltiples instrucciones
- Descuidado, despreocupado
- Rechazo ante los cambios de la rutina o ante conceptos nuevos

**Habilidad social:**

- Dificultad para entender gestos o expresiones faciales
- Dificultad para entender situaciones sociales
- Tendencia a malinterpretar comportamientos de compañeros o adultos

- Aparente falta de «sentido común»

## Educación Secundaria

**Lenguaje:**

- Evita leer o escribir
- Tendencia a perder información cuando lee un texto
- Comprensión lectora pobre, dificultad para entender los temas leídos
- Pobreza en las redacciones orales y/o escritas
- Dificultad para aprender idiomas extranjeros

**Matemáticas:**

- Dificultades para entender conceptos abstractos
- Pobre habilidad para aplicar destrezas matemáticas

**Atención/Organización:**

- Dificultades para organizarse
- Problemas en tareas de elección múltiple
- Trabajo lento en clase y en exámenes
- Pobreza al tomar notas
- Pobre capacidad para corregir su trabajo

**Habilidad social:**

- Dificultad para aceptar críticas
- Problemas para negociar

> • Dificultades para entender el punto de vista de otras personas

**Consejos generales de trabajo en el aula.**

- Estos consejos facilitan el aprendizaje de todos los alumnos de su clase, especialmente, de aquellos con dificultades de aprendizaje. Estas sugerencias no requiere sacarlos de la sala de clases ni tiempo adicional.

- Potencie su autoestima. Use mensajes positivos; crea en sus habilidades y competencias acorde a sus posibilidades; otorgue responsabilidades gradualmente. En la medida que el niño sea estimulado, se sentirá capaz de conseguir las metas propuestas.

- Baje las expectativas personales de los adultos y céntrese en el esfuerzo que el niño imprime a cada acción, con independencia de las calificaciones. Todas las personas tendemos a esforzarnos por lograr una meta cuando somos reforzados positivamente.

- Ayude a los niños a generar hábitos de estudio. Establezca horarios claros y estables. Recuerde que no debe disminuir la exigencia, sino que adaptarla a las necesidades de cada hijo.

- Potencie en el niño distintas habilidades, más allá de lo cognitivo. Pueden ser de carácter deportivo, social o afectivo. Lo importante es comprender que la dificultad para aprender es sólo una parte de su existencia.

- Desincentive los comportamientos inadecuados o violentos, evitando imponer el castigo físico como medida disciplinaria, ya que esto potencia la aparición de la conducta que se trata de extinguir.

- De instrucciones claras, breves y precisas. Esto ayudará al niño a comprender mejor el mensaje.

- La rutina, el orden y la organización de los espacios y tiempos son primordiales. Los hijos deben tener claridad respecto de aquello que deben hacer, cuándo y dónde lo deben cumplir.

- Fomente las habilidades sociales. En la medida que los niños juegan con otros, aprenden la experiencia de la autorregulación a través de la socialización con los pares. Establezca reglas de comportamiento y rutinas desde el comienzo del año escolar. Es importante que los niños conozcan los procedimientos dentro del aula y las consecuencias que implican no cumplirlos, así como las del quebrantamiento de reglas. Sea claro y explícito, así como consecuente en sus indicaciones.

- Comience las clases a partir de un contenido conocido, en un estilo de repaso de lo aprendido para luego ir poco a poco introduciendo nuevos. Al inicio de cada lección los contenidos y habilidades aprendidas en la lección anterior y comente cómo se relacionan con la lección de hoy. De esta manera, las relaciones entre diferentes contenidos serán más evidentes, lo que facilita su retención.

- Escriba en el pizarrón un plan con los puntos más importantes que se tratarán durante la clase. Si los niños son pequeños, hay que leerlos en voz alta guiando la lectura del pizarrón con un puntero. Recuerde que estructurar la clase les permite a los niños anticipar lo que ocurrirá y, por lo mismo, facilita la comprensión.

- Ajuste la dificultad las actividades a las competencias de los niños manteniendo un nivel de desafío constante, para así aumentar su sensación de eficacia y con ello mejorar su motivación. Una tarea demasiado fácil es poco motivadora, lo que puede resultar en pérdida del interés e interrupciones. Una demasiado difícil resulta frustrante. El trabajo debe ser desafiante, que requiera concentración. Para apoyar a los menos hábiles, recorra la sala para monitorear el trabajo y ofrecer ayuda.

- Entregue instrucciones claras y precisas para las actividades. Antes de dar una instrucción, solicítele a los niños que presten atención, que dejen de hacer lo que estaban haciendo y que lo miren y escuchen atentamente. Puede usar estrategias como cruzar los brazos sobre el banco, referir la atención a una lámina de normalización.

## BIBLIOGRAFIA

Álvarez, G., & Crespo, N. (2010). Obtenido de Sociedad de pediatría de atención primaria de Extremadura: https://www.spapex.es/aprendizaje.htm

Cavada, P., & Fernández, M. (s.f.). Obtenido de EDUCREA: https://educrea.cl/consejos-para-el-trabajo-en-aula-con-ninos-con-dificultades-para-aprender-al-ritmo-de-sus-pares-evidencia-de-los-colegios-entrevistados-e-investigaciones-recientes/

Gicherman, D. (8 de Febrero de 2004). Obtenido de psicoPedagogia: https://www.psicopedagogia.com/articulos/?articulo=440

González, F. (9 de Junio de 2016). Obtenido de Do Education: http://doeducation.es/como-detectar-los-problemas-de-aprendizaje/

Grupo SM (2012). Obtenido de: http://www.ediciones-sm.com.mx/?q=blog-Signos-que-ayudan-a-detectar-un-problema-de-aprendizaje

Guerri, M. (2017). Obtenido de Psicoactiva: https://www.psicoactiva.com/blog/como-detectar-problemas-de-aprendizaje/

# 6

## INTERVENCIÓN PSICOPEDAGÓGICA CON NIÑOS QUE CURSAN CON TRASTORNOS DE ANSIEDAD

Carmen del Rosario González Zaizar y
Wendy Cristina Hernández Martínez

### ¿QUE SON LOS TRASTORNOS DE ANSIEDAD?

El estrés, se define por un conjunto de alteraciones que se producen en el organismo como respuesta física ante determinados estímulos repetidos, como por ejemplo el frío, el miedo, la alegría, etc. es una parte inevitable de la vida.

Tiene la función biológica de favorecer nuestra adaptación. Sin embargo, una exposición prolongada a situaciones que lo causan puede ocasionar severos problemas de salud, especialmente durante la infancia. Las situaciones estresantes pueden derivar en un estado conocido como estrés toxico, que se caracteriza por los llamados trastornos de ansiedad (TA).

La ansiedad infantil es una reacción emocional defensiva e instantánea que actúa como resultante de las situaciones que comprometen la seguridad personal del niño. Inicialmente ejerce una función protectora contra cualquier peligro para que el pequeño pueda adaptarse a diferentes situaciones de la vida, sin embargo, cuando dicha respuesta emocional pierde su función, se convierte en trastorno de ansiedad que puede describirse como angustia incontrolable ante una amenaza real o imaginaria.

Los trastornos de ansiedad son la patología psicológica de mayor prevalencia en niños y adolescentes, y por lo general son subdiagnosticados al considerarse como un rasgo del comportamiento infantil. Diversos estudios demuestran que los trastornos de ansiedad afectan aproximadamente al 10% de los niños, y se manifiestan de diversas formas incluyendo fobia social, ansiedad de separación, ansiedad generalizada, crisis de pánico, trastorno obsesivo compulsivo y estrés postraumático.

La comorbilidad con depresión y otras patologías puede alcanzar niveles de hasta el 60%. Cuando la ansiedad se torna excesiva, pueden surgir problemas en el funcionamiento social, personal y académico. Los signos de los trastornos de ansiedad son similares en niños y adultos, aunque en los niños se presentan más signos de irritabilidad y falta de concentración.

A continuación, revisamos la manera en que se han caracterizado los trastornos de ansiedad más frecuentes durante la infancia:

**Trastorno de ansiedad por separación.** Este patrón se caracteriza por un aferramiento excesivo de los niños a las personas adultas que los cuidan y una reticencia a separarse de ellas.

Este patrón es típico de los niños pequeños de 12 a 18 meses de edad, y aunque no se espera de los niños en edad escolar, también puede presentarse ocasionalmente. Este desorden puede indicar algunas dificultades en las relaciones entre padres e hijos o un problema real, como el ser abusado en la escuela. En esos casos, el niño o niña puede ser descrito como una persona que se niega a ir a la escuela, o que tiene fobia de la escuela. Ocasionalmente, el niño o niña puede hablar sobre sus razones para sentirse ansioso, dependiendo de su edad y de sus destrezas de lenguaje.

**Trastorno de ansiedad generalizada.** Este patrón se caracteriza por una excesiva preocupación y ansiedad ante una variedad de situaciones que no parecen ser el resultado de causas identificadas.

**Trastorno por estrés postraumático.** Este patrón frecuentemente se discute en los medios de comunicación populares e históricamente se ha asociado con soldados que han estado en combate. También se ve en personas adultas y niños que han pasado por experiencias personales traumáticas, como la pérdida de un ser querido, asalto físico o sexual, o un desastre. Los síntomas pueden incluir ansiedad, escenas retrospectivas del suceso y reportes de parecer revivir la experiencia.

**Fobia social.** Este patrón se ve en niños que tienen ansiedad y temores excesivos de participar en situaciones sociales, como en grupos o multitudes. Se niegan a participar en clase o a asistir a eventos donde tengan que realizar alguna presentación.

**Trastorno obsesivo-compulsivo.** Las características incluyen pensamientos repetitivos que son difíciles de controlar (obsesiones) o la necesidad incontrolable de repetir actos específicos, como lavarse las manos constantemente o colocar objetos en el mismo orden siempre (compulsiones).

Los TA incluyen quejas somáticas frecuentes, irritabilidad y berrinches. Están relacionados con problemas familiares, escolares y sociales.

## COMO SE PRESENTAN LOS TRASTORNOS DE ANSIEDAD EN LOS NIÑOS ESCOLARES

El estrés tóxico resulta de intensas experiencias adversas por un largo periodo de tiempo

Este tipo de estrés puede alterar el desarrollo del cerebro, afectar el funcionamiento de los sistemas biológicos, minando el sistema inmunológico, alterar el sistema hormonal y produciendo altas dosis de cortisol, el cual afecta el hipocampo, relacionado con la memoria y el aprendizaje.

Las investigaciones sugieren que existen factores biológicos, psicológicos y sociales que pueden tener un papel predisponente en el desarrollo de este trastorno.

Los factores biológicos tienen que ver con la probable disfunción de diferentes sistemas de neurotransmisores, principalmente el de la dopamina y la serotonina, los cuales se sabe que regulan el estado de ánimo y el comportamiento. No se debe concebir de manera separada al individuo de su ambiente. Por lo tanto, debemos señalar que los factores sociales tienen un impacto directo en el mundo psíquico de los seres humanos. Se considera que la presencia de eventos estresantes en la vida de una persona la puede hacer vulnerable a los trastornos de ansiedad:

La manera de ser de los padres, su forma de crianza, el ambiente familiar y cultural pueden influir para que un niño sea susceptible a desarrollar (TA). Los temores pueden ser resultado de conductas aprendidas transmitidas por adultos temerosos.

En el aula se manifiesta en las reacciones actitudinales del estudiante:

La forma en que interacciona con los compañeros de clase y maestro, las dificultades en los procesos de adquisición de conocimientos y la manera en que logra aprovechar la información para conseguir la adaptación exitosa a las circunstancias. Precisamente lo que hace y lo que dice el niño en el medio escolar, son los datos a los que debemos prestar atención para identificar cualquier problema que pueda surgir.

## ¿DE QUE MANERA PUEDE EL DOCENTE IDENTIFICAR A QUIENES LOS PADECEN?

En primer lugar, conociendo los factores de riesgo para este problema y sus manifestaciones. La ansiedad habitualmente tiene dos componentes:

**A. Las manifestaciones somáticas:**

- Palpitaciones, sacudidas del corazón o elevación de la frecuencia cardiaca
- Sudoración
- Temblores o sacudidas
- Sensación de ahogo o falta de aliento
- Sensación de atragantarse
- Opresión o malestar torácico
- Náuseas o molestias abdominales
- Inestabilidad, mareo o desmayo
- Parestesias (sensación de entumecimiento u hormigueo)
- Escalofríos o sofocaciones

**B. Los síntomas cognitivo-conductuales y los afectivos:**

- Des realización (sensación de irrealidad) o despersonalización (estar separado de uno mismo)
- Miedo a perder el control o a volverse loco
- Sensación de muerte inminente
- Intranquilidad
- Inquietud
- Ideas catastróficas
- Deseos de huir

**Ejemplo:**

**Auto descripción**

"Regularmente me inquietan los latidos de mi corazón.

Los pequeños disgustos me ponen nervioso y me irritan.

Con frecuencia siento miedo repentino sin ninguna razón.

Me preocupo en forma continua y me siento deprimido.

Todo el tiempo me siento nervioso y tenso.

En varias condiciones siento que no podré sobreponerme a mis problemas.

Me siento bajo tensión constantemente."

## Síntomas Característicos de la Ansiedad

López (2003), dice que los síntomas característicos se constituyen por combinaciones variadas de sentimientos de aprensión miedo o terror junto a manifestaciones físicas que van desde síntomas cardiovasculares y respiratorios hasta molestias abdominales, pasando por sensaciones de mareo, sudoración, temblor, hormigueos e incluso intensos escalofríos.

Las características incluyen sentimientos de incertidumbre, desamparo y excitación fisiológica.

Una persona con mucha ansiedad se queja de sentirse nerviosa, tensa aprensiva e irritable, con frecuencia le dificulta conciliar el sueño por la noche, se fatiga con facilidad y siente mariposas en el estómago, constantemente siente dolores de cabeza, tensión muscular y dificultad para concentrarse; los ansiosos son muy sensibles a las señales de amenaza e hipersensibles ante la vigilancia y responden con prontitud ante amenazas potenciales.

Responder a las siguientes preguntas podría ser útil para decidir si el niño o niña necesita ayuda:

- ¿Es la ansiedad típica para un niño o niña de esta edad?
- ¿Aparece la ansiedad en situaciones específicas o es más generalizada?
- ¿Es un problema a que ha durado bastante tiempo o es reciente?
- ¿Qué sucesos pueden estar contribuyendo a los problemas?
- ¿Cómo se ven afectados el desarrollo personal, social y académico?

Si la ansiedad es atípica para la edad del niño o niña, ha perdurado por largo tiempo, no parece mejorar, y está causando problemas significativos, entonces se recomienda hablar con un profesional, como el psicólogo escolar o un consejero, quien podría recomendar un referido o derivación a un profesional de la salud mental de la comunidad.

## ¿DE QUÉ RECURSOS PSICOMÉTRICOS PODEMOS ECHAR MANO?

Existen Instrumentos para medir las competencias cognitivas, lingüísticas, sociales y emocionales.

Existen pruebas psicométricas para valorar la ansiedad, pero hay que tener en cuenta que la ansiedad comprende un aspecto normal del desarrollo, por ello las escalas de evaluación de la ansiedad, requieren de habilidad para distinguir a los niños y adolescentes con síntomas clínicos de ansiedad de aquellos con síntomas de ansiedad normal. La acción diagnóstica del especialista se hace siempre deseable y resultan de utilidad, para analizar la psicopatología de niños-adolescentes y establecer planes de tratamiento.

Entre los instrumentos de evaluación empleados con mayor frecuencia encontramos los siguientes:

- Escala de Ansiedad Manifiesta en niños revisada (CMAS-R) de Cecil R. Reinols, y Bert. O. Richmond
- Escala de Evaluación ESCARED (del inglés Screen for Child Anxiety Related Emotional Disorders).
- Escala de Evaluación Conductual Para La Ansiedad de Rojas
- Fabulas de Düss

## ¿CUANDO DEBE EL DOCENTE CANALIZAR A SU ALUMNO CON UN PSICOTERAPEUTA?

Cuando se identifica que el niño está sometido a alguno de los factores de riesgo, el docente deberá canalizar al alumno con un profesional en psicología. Para ello debe conocer cuáles son los factores de riesgo.

### Factores de Riesgo

Los trastornos de ansiedad representan condiciones complejas. Esto significa que las alteraciones resultan de interacciones entre múltiples factores de riesgo y predisposiciones subyacentes.

Debemos atender a los siguientes aspectos:

- Familiares: incluyen las características de la familia, antecedentes de síntomas y trastornos de ansiedad y el estilo de comunicación verbal de los aspectos emocionales.
- Del niño: debemos considerar su temperamento, labilidad emocional y vulnerabilidad, así como sus fortalezas: coeficiente intelectual, dificultad en las relaciones sociales y situaciones de abuso emocional.
- Sociales: ambiente nocivo

Los factores precipitantes para este trastorno incluyen: Depresión, estilos de vida estresantes abiertos y encubiertos, enfermedad física, problemas con el grupo de pares, académicos, y limitaciones cognitivas, baja autoestima, crisis familiares.

Los factores que contribuyen al mantenimiento de este problema son:

Perpetuación de las crisis y dificultades en las relaciones interpersonales y socio familiares. Modelos de familias con enfermedades serias, enfermedad mental en los padres, problemas escolares, enfermedad y evitación de conflictos, beneficios secundarios por el padecimiento, conductas profesionales reforzadoras de ansiedad y del rol de persona enferma.

**Signos de alarma asociados para la generación de trastornos de ansiedad:**

- Temperamento/carácter: Niño con temperamento "dificultoso".
- Emocional: Historia de un evento traumático (violencia doméstica) hipervigilante, ansioso, excesivamente preocupado o "congelado en el tiempo"; parece triste o sin energía, muestra poca alegría.
- Sueño: se despierta muchas veces en la noche después de 6 meses, padece parasomnias, terrores nocturnos o sonambulismo "excesivos".

## QUE NOS DICE LA EPIDEMIOLOGIA DESCRIPTIVA DE LA INCIDENCIA DE ESTOS TRASTORNOS

Conforme al aumento de exposición a factores de riesgo, se incrementan los problemas conductuales y de salud

La edad de inicio promedio se encuentra en 7.5 años. Para el trastorno de ansiedad por separación entre los 12 y 18 meses, y para otros trastornos de ansiedad en niños que alcanza hasta los 10.3 años.

La proporción en género para cada trastorno de ansiedad fue relativamente igual en unos estudios y otros revelan que las niñas experimentan más ansiedad que los niños.

Los resultados aportados por el Consorcio Internacional de Epidemiología Psiquiátrica, que incluye datos de la población adulta de la ciudad de México, han encontrado que los trastornos de ansiedad con inicio temprano en la vida preceden el uso, el abuso y la dependencia a sustancias, lo que subraya la necesidad de identificar tempranamente problemas que con el tiempo conducen a otras patologías.

Medina Mora y Cols., encontraron en la encuesta nacional de epidemiología psiquiátrica que de los trastornos mentales, los más frecuentes fueros los trastornos de ansiedad.

## ¿CÓMO MANEJA EL PSICÓLOGO CLÍNICO ESTAS PERTURBACIONES?

Los recursos profesionales del profesional en psicología incluyen:

Evaluación profesional, psicoterapia, programas de asesoría y educación, y campañas de información.

El tratamiento debe ser multimodal, es decir debe incluir la educación a los padres y al chico acerca de las características del trastorno, el acercamiento al personal escolar y la intervención psicoterapéutica. La selección del tratamiento se basa en las características individuales del paciente y su familia.

Se deben tomar en cuenta los estresores ambientales, los factores de riesgo, la severidad, la disfunción que le ocasiona y la comorbilidad, así como la edad y el funcionamiento familiar. Para lograr una intervención exitosa, se requiere de un equipo multidisciplinario conformado por el personal de salud que idealmente detecta el padecimiento, médicos generales o de otras especialidades, enfermería, psicología, trabajo social, promotores de salud y los maestros.

Todos juntos deben hacer labor psicoeducativa y facilitar el entendimiento y el apego al tratamiento multimodal (intervenciones psicosociales, psicoeducativas y psicoterapéuticas).

Entre los tratamientos psicoterapéuticos útiles en el manejo de los trastornos de ansiedad en niños y adolescentes se encuentran:

**Terapia cognitivo conductual**: le permite al niño o al adolescente examinar patrones confusos y distorsionados de pensar. Algunas Investigaciones informan que la terapia cognitivo conductual y la terapia cognitivo-conductual con intervención familiar son tratamientos altamente eficaces. El terapeuta enseña al niño habilidades de afrontamiento y le provee oportunidades para el cambio de pensamiento por ejemplo pasando del "no puedo" a hacerlo o de "algo malo va a pasar" al "lo voy a intentar", "puede ser que algo ocurra". Esta técnica, sin embargo, requiere de ciertas habilidades intelectuales, que la hacen inadecuada para niños de reducida edad o con deficiencia mental.

**Terapia de Grupo**: Mediante su interacción con sus pares y a través de ésta dinámica el niño podrá aumentar la comprensión de su padecimiento y mejorar sus destrezas sociales.

**Terapia Familiar:** Facilita a la familia funcionar de manera más positiva y constructiva al explorar los patrones de comunicación además de proveer apoyo y educación.

**Terapia Conductual:** Consiste en entrenar a los padres y otros familiares en los principios de las técnicas operantes, fundamentalmente se les enseña a premiar los pequeños avances del niño y a dejar de reforzar conductas que, aunque parecen aliviar la angustia del paciente, no hacen sino prolongarla innecesariamente.

## ¿DE QUE MANERA PUEDEN COLABORAR LOS FAMILIARES DE LOS NIÑOS PARA SU MEJORÍA?

Los familiares deben colaborar con las indicaciones del profesional a cargo del tratamiento del problema, algunas recomendaciones a los padres pueden ayudar mucho en esta labor. A continuación, se presenta una lista de acciones recomendables que los padres pueden seguir en casa para apoyar el tratamiento:

- Sea consistente en cómo manejar los problemas y administrar medidas disciplinarias.
- Recuerde que la ansiedad no es un mal comportamiento a propósito, pero que refleja una inhabilidad de controlarlo. Por lo tanto, sea paciente y esté preparado para escuchar. Ser demasiado crítico, despectivo, impaciente o cínico, probablemente sólo empeorará el problema.
- Mantenga metas y expectativas realistas, alcanzables, para su niño o niña. No diga que la perfección es esperada o aceptable. Frecuentemente, los niños ansiosos tratan de complacer a los adultos, y tratarán de ser perfectos si creen que eso es lo que se espera de ellos.
- Mantenga una rutina consistente, pero flexible para las tareas de la escuela, los quehaceres del hogar y otras actividades.
- Acepte las equivocaciones como una parte normal del crecimiento, y que no se espera que nadie haga todo igualmente bien. Alabe y apoye el esfuerzo, aunque no espere que haya éxito. No hay nada de malo en reforzar y reconocer el éxito, mientras que no cree expectativas poco realistas y resulte en estándares no razonables.
- Si su niño o niña está preocupado sobre un suceso que se acerca, como dar un discurso en clase, practique con él o ella frecuentemente

para aumentar su confianza y disminuir su incomodidad. No es realista esperar que toda la ansiedad desaparezca; en vez de eso, la meta debe ser llevar la ansiedad a un nivel manejable.

- Enseñe a su niño o niña estrategias simples para ayudarlos a lidiar con la ansiedad, como organizar sus materiales y su tiempo, escribir pequeños guiones sobre qué hacer y decir cuando la ansiedad aumente, ya sea en voz alta o para sí mismos, y aprender a relajarse bajo condiciones de estrés. Practicar situaciones, como hacer discursos hasta que se alcance un nivel de comodidad, puede ser una actividad que reduzca la ansiedad.

- Ponga atención y hable con su niño o niña regularmente, y evite ser crítico. Ser crítico puede aumentar la presión para ser perfecto, lo que puede estar contribuyendo al problema en primer lugar. No trate las emociones, las preguntas y las declaraciones sobre el sentir ansiedad como tontas o sin importancia. Podrían no parecer importantes para usted, pero son reales para su niño o niña. Considere serias todas las discusiones, y evite dar muchos consejos.

- Esté allí para ayudar y ofrecer asistencia en la medida en que se lo pidan. Usted podría llegar a la conclusión que razonar sobre el problema no funciona. En algún momento, los niños podrían darse cuenta de que su ansiedad no tiene sentido, pero pueden ser incapaces de actuar sin ayuda.

- No suponga que su niño o niña está siendo difícil o que el problema desaparecerá. Busque ayuda si el problema persiste y continúa interfiriendo con las actividades diarias.

Chantal (2007), da algunos lineamientos de intervención para evitar o reducir la ansiedad en los niños, dirigido a los padres de familia:

- Atención constante a las inquietudes, dudas, comentarios y opiniones de los niños, aunque estos parezcan inválidos.
- Tiempo para jugar con los hijos, un partido de fútbol o baloncesto enriquecerá el lazo de confianza familiar y entre amigos.
- Contarles su vida y experiencia, crea confianza en el niño, por lo que se debe hacer el esfuerzo de presentar al niño un panorama del estilo de vida que le ha tocado vivir.
- Asistir a la escuela constantemente para estar al pendiente de los procesos escolares.
- Mostrarle siempre el interés de que se quiere el bien para él.
- Evitar hostigamiento, correcciones fuertes frente a los demás.
- Eliminar castigos fuertes por faltas mínimas.
- Contestar sus dudas en el momento que las lance y no evadirlas.
- Comunicar con toda libertad los sentimientos y experiencias adquiridas.
- Brindar afecto y bondad a quienes les rodean.
- Promover un ambiente de confianza, dinamismo y seguridad.

## ¿COMO PUEDE COLABORAR EL DOCENTE EN EL TRATAMIENTO DE ESTOS TRASTORNOS?

El comportamiento en el aula es un tema que inquieta a los profesionales de la educación ya que en el salón de clases observan una infinidad de manifestaciones conductuales, de las cuales muchas de ellas no son las esperadas, por ser inapropiadas.

Dada su cercanía con los alumnos, el aula debe funcionar también como un escenario de detección de los problemas de ansiedad en los niños. Para ello, el docente debe conocer los indicadores del problema y atender a las características del alumno y estar capacitado para colaborar en los mecanismos de atención en compañía de los expertos en el tratamiento del problema.

La ansiedad infantil influye negativamente en el comportamiento del niño en el aula y altera el comportamiento en casi todas las áreas de desenvolvimiento. La Investigación al respecto ha logrado establecer que los docentes sí atienden a los niños ansiosos, sin embargo, el 89% de ellos no intervienen oportunamente y se abstienen en indicar la técnica de atención que aplican con sus alumnos.

Cuando los niños hagan preguntas, se deberá proporcionarles la confianza necesaria y responderles con claridad y precisión. Los maestros deberán cumplir el papel de tutor y protector al mismo tiempo.

Debe mantener abierto el espacio para que el estudiante tome confianza, debe dejar las puertas abiertas a la exposición de las emociones del niño para que pueda confiarle los miedos y las debilidades que experimenta sin sentirse juzgado. En ocasiones es necesario preguntarle al niño sus inquietudes porque rara vez lo expresará espontáneamente.

Se ha observado que la ansiedad altera el comportamiento del niño cuando interactúa con diferentes personas como niños o adultos, disminuye la capacidad de realizar actividades que son propias de la edad y lo torna vulnerable ante cualquier situación al limitarle la expresión espontanea de los pensamientos y sentimientos, por eso se dice que; alto nivel de ansiedad en el niño afecta el comportamiento en el aula, es decir en el desempeño de los quehaceres educativos en las escuelas.

Sin embargo, muchos maestros no terminan de entender la razón del comportamiento de los niños en el aula o simplemente los pasan por desapercibidos, sin fijarse que experimentan un problema emocional, que precisamente es el origen del comportamiento inadecuado, no se les debe señalar como niños incontrolables ya que su comportamiento es el resultado de la ansiedad.

La investigación sobre ansiedad infantil y comportamiento en el aula se encamina a la búsqueda de mecanismos que apoyan a los docentes que atienden a niñas y niños ansiosos en las escuelas primarias para que intervengan en la reducción de los niveles de ansiedad en los alumnos y actúen en la mejora del comportamiento de los escolares al tratarlos con dignidad y así alcanzar un cambio significativo en favor de la interacción escolar.

## TÉCNICAS EDUCATIVAS ADECUADAS PARA CONTRARRESTAR LA ANSIEDAD EN EL AULA

Stein (2010), señala algunas formas de intervención en la ansiedad escolar como los juegos escolares, todo tipo de juegos para varones y mujeres se pueden implementar, se deberá incentivar para que se incluyan las técnicas de rompehielos, socialización e integración.

Las actividades deportivas en la escuela fomentan la confianza y seguridad en el niño para expresarse libremente con todas sus capacidades en el ámbito escolar.

Algunas técnicas para lidiar con los trastornos de ansiedad se indican a continuación:

- Cuentos: contar cuentos, suele ser una actividad divertida, en el que el niño utiliza la imaginación, es necesario no contar cuentos bruscos, de miedo o de terror, deberá evitarse en el ambiente el manejo de los cuentos que afectan la sensibilidad del niño
- Actividades grupales: la integración de grupos en el aula enfatiza la sociabilidad del niño y la apertura para que intercambie experiencia, socialice sus ideas, pensamientos, imágenes,

creencias y vida natural, esto ayudará al niño a elevar la confianza en sí mismo y desarrollar capacidades que le permitan una vida saludable y poco a poco erradicar los problemas que enfrenta constantemente y que no lo dejan vivir tranquilo.

Ante un problema de conducta en el aula, el punto de partida es la observación sistemática y minuciosa que incluya descripción de las conductas seleccionadas, antecedentes de las mismas y sus consecuencias, diagnóstico o evaluación de la conducta es el primer paso para la elaboración de un programa de cambio. Para ello es importante la obtención de datos biográficos a través de cuestionarios y entrevistas a los padres, datos fisiológicos y resultados de pruebas psicológicas.

Debe tenerse en cuenta las verbalizaciones del niño respecto a sus estados emocionales, actitudes y cogniciones.

Huir de etiquetas generales como nerviosismo para calificar el comportamiento del niño.

Los indicios que muestran los niños sobre los sentimientos que expresan cuando tienen que irse de casa y empiezan la escuela, con frecuencia son importantes, los niños expresan en el comportamiento la necesidad de ayuda que requieren de la familia y de los maestros de aula.

A veces los niños se portan muy bien en la escuela. Nadie diría que se sienten heridos en el interior, se lo guardan para sí mismos; no causan nunca problemas, y dentro del torbellino de la clase quedan un poco desatendidos por parte de los maestros, en otras ocasiones los niños, no necesariamente indican que no son capaces de confiar todavía, estos niños necesitan una dosis extra de ayuda del profesor y de los padres. Algunos niños exteriorizan la ansiedad con el silencio o con un exceso de charla, otros en cambio usan el lenguaje como un instrumento o para controlar los sentimientos, para ello las palabras del maestro pueden ayudarles incluso a niños muy pequeños. A través del lenguaje, los niños hacen saber que necesitan ayuda y ayudan al maestro a decidir cuál es la actitud correcta que hay que adoptar.

Las personas más próximas al niño tienen un papel muy importante en la prevención de los trastornos de ansiedad. Los padres y los educadores pueden reducir el impacto de las situaciones o acontecimientos vitales estresantes que viva el niño, pueden educarlo para potenciar sus recursos personales y pueden promover nuevas experiencias y fomentar hábitos de vida saludables. ¿Cómo? Disminuir el impacto de los acontecimientos estresantes.

Los niños pueden carecer de recursos para afrontar de forma adecuada situaciones o acontecimientos vitales estresantes o traumáticos. La vivencia de una separación, de la muerte de un familiar o amigo, de un desastre natural (incendio, inundación), de un robo, de un accidente, etc. pueden superar la capacidad del niño para reaccionar de forma adaptativa. En estos casos, las personas próximas al niño deberían:

- Hablar con el niño de todo lo que le preocupa, de cómo se siente. Permitir que se desahogue y exponga todas sus preocupaciones, dudas y sentimientos. No forzar al niño a hablar de sus sentimientos, estar disponibles cuando él lo necesite.
- Actuar como modelos de conducta y afrontamiento: los niños aprenden a actuar y a afrontar los problemas imitando y adoptando como propios los modos de actuación de personas cercanas a ellos.
- Demostrar los sentimientos, no ocultarlos.
- Afrontar los problemas, no evitarlos: si el niño tiene miedo a alguna situación es importante que le anime a enfrentarse a ella. ¿Cómo? Hacer de modelo para el niño: darle ejemplo afrontando la situación primero, sin forzar al niño a que lo haga: de este modo comprobará que estar cerca de ese objeto temido (perro, ascensor, etc.) o en esa situación no es peligroso ni tiene consecuencias negativas.
- Ayudar a exponerse a la situación de forma gradual: primero acompañado, luego solo, comenzar por la situación más fácil, poco a poco aumentar la dificultad.
- Felicitarlo por los avances.

En otros casos, acontecimientos cotidianos como el nacimiento de un hermano, la entrada al colegio, los problemas con otros compañeros, etc.

pueden ser una fuente de preocupaciones para el niño. Los padres y cuidadores deberían:

1. Comprender lo importante que para el niño es esa situación. No hay que restar importancia a acontecimientos que para un adulto pueden resultar intrascendentes: una pelea con otro compañero, un cambio de profesor, la dificultad en alguna materia escolar, etc. pueden ser lo suficientemente significativas para que el niño se muestre preocupado.
2. Hablar con el niño de todo aquello que teme. ¿Qué es lo que le inquieta? ¿Qué es lo peor que puede pasar?
3. Adoptar una actitud propicia a la resolución del conflicto o problemas: ¿qué puede hacer el niño para solucionar ese problema? ¿cómo puede hacerlo? ¿está en su mano el solucionarlo?. Es importante que los cuidadores no adopten un papel demasiado directivo: el niño debe aprender a solucionar sus propios problemas. Solucionárselos no enseña al niño a ser autónomo, sino a depender de los padres o cuidadores y recurrir a ellos cada vez que tenga un pequeño contratiempo.
4. Interesarse por la evolución del problema.
5. Animar al niño, reforzarlo por los avances.

**Educarlo para potenciar sus recursos personales**

La respuesta ante una situación que genera ansiedad depende en parte de los recursos de que dispone el individuo para afrontar ese problema y de si percibe que es capaz de resolverlo. Dicho de otro modo, no basta con tener las armas para enfrentarse a un problema, hay que creer que se puede luchar contra él y superarlo. Este sentimiento de autoeficacia tiene mucho que ver con la autoestima. En la formación de la autoestima cobra especial importancia la familia y la escuela. ¿Qué se puede hacer para fomentar una buena autoestima en el niño?

**1. Amor incondicional**: la aceptación sin condiciones de los padres es, sin duda, la mejor estrategia para fomentar en el niño una buena autoestima. El niño debe estar seguro del amor de sus padres hacia él por sí mismo, no por lo que hace. Muchos trabajos han señalado que los niños que tienen una baja autoestima se sienten poco aceptados o rechazados por sus padres. Aceptar a un hijo implica, por ejemplo:

- Demostrarle afecto, que se siente orgulloso de él, que disfruta de su compañía.
- Demostrar que entiende lo que le preocupa, interesarse por sus problemas.
- Aceptar sus limitaciones, no pretender que sea perfecto.
- Demostrarle afecto incluso cuando se porta mal.

**2. Brindarle apoyo**: los padres deben demostrar a su hijo que ellos estarán allí cuando él necesite ayuda; los profesores deben expresar al niño que ellos pueden ayudarle cuando tenga dificultades en sus tareas escolares.

**3. Ayudar al niño a encontrar aptitudes, intereses y actividades**: Reforzar y potenciar sus capacidades: animar al niño a mejorar sus habilidades en las tareas que realiza de forma deficitaria y, sobre todo, potenciar aquellas que más le gustan y que mejor o más fácilmente hace.

**4. Corregirle cuando hace algo mal.** Es importante que se critique su actuación, pero no su forma de ser. Es más adecuado decir 'no has hecho bien la cama' que 'eres un gandul, torpe…', mejor señalar 'si hubieras estudiado más habrías aprobado este examen' que 'eres vago y tonto'.

**5. Elogiarle por sus avances, por las cosas que hace bien.** No exigir perfección ni rapidez. Valorar como válidos los resultados que vaya consiguiendo, aunque no sean perfectos. A medida que haga las cosas le saldrán mejor y más deprisa.

**6. No ser excesivamente sobreprotector.** Se ha visto que los niños que están muy sobreprotegidos por sus padres tienen frecuentemente una baja autoestima. La sensación de podernos valer por nosotros mismos se construye día a día y depende de las actividades que realizamos y los problemas que afrontamos. Hay que dejar que el niño se enfrente por sí solo a sus problemas y que aprenda estrategias para superarlos. Los padres no estarán siempre ahí para resolver todos los problemas de su hijo.

En este sentido, es importante fomentar en el niño:

## 7. Una actitud activa dirigida a la resolución de problemas:

- Valorar un problema como un desafío en vez de como una amenaza.
- Creer que los problemas son resolubles.
- Creer en la propia capacidad para resolver bien los problemas.
- No esperar que los problemas se resuelvan por sí solos, no posponer la resolución del problema, no evitarlo.
- Búsqueda activa de soluciones.

Está claro que no basta con animar al niño a actuar de esta forma, sino que los padres y otros cuidadores deben comportarse del mismo modo, actuar de modelos de conducta a seguir para el niño.

**8. Fomentar su autonomía**. Es importante que el niño desde pequeño adquiera responsabilidades en casa y en la escuela: ayudar en pequeñas tareas de casa (poner la mesa, fregar los platos, hacer su cama, etc.), recoger su pupitre, ayudar a mantener en orden el aula… estas tareas serán tanto más complejas conforme aumente la edad. Sin embargo, la autonomía va más allá de que el niño sepa valerse por sí mismo en las tareas cotidianas. Los padres no deben ser directivos y sí, en cambio, promover que el niño sea capaz de tomar sus propias decisiones, aún a riesgo de equivocarse, y de tener diferentes experiencias, aún a riesgo de ser negativas. Esto implica que es mejor aconsejar que ordenar, sugerir que imponer.

**9. No ser excesivamente exigente.** Algunos padres fijan metas muy elevadas y esperan que sus hijos obtengan resultados excelentes. Otros padres no expresan de forma explícita este interés pero sí refuerzan al niño de forma diferencial en función de los resultados. Un exceso en las demandas externas que realiza la familia puede conducir a estados de elevada ansiedad en el niño. Éste puede estar preocupado por defraudar a sus padres si sus notas no son tan buenas como ellos esperan. En otros casos, son los propios niños los que se fijan metas muy elevadas. La mayoría de las veces se trata de niños y adolescentes inseguros y muy perfeccionistas, que basan su autoestima en conseguir ser el/la mejor en todo. En estos casos habría que:

- Disminuir el nivel de exigencia de los padres. Éste debe ser realista e ir acorde con la capacidad del niño.
- Crear una atmósfera de aceptación: el niño debe saber que sus padres no van a dejar de quererlo si lleva a casa malas notas.
- Fomentar una vida equilibrada: el rendimiento en la escuela no lo es todo, también son importantes las diversiones.
- Evitar hábitos perfeccionistas: estudiar hasta altas horas de la noche o repetir muchas veces un trabajo hasta que esté perfecto no es saludable. Es conveniente establecer un horario y unos objetivos de estudio realistas.

- Programar actividades deportivas y culturales que le gusten al niño.
- Fomentar hábitos saludables, promover nuevas experiencias.

Es muy aconsejable que los niños tengan experiencias muy variadas. Esto les permitirá conocer a gente diferente y hacer amigos, conocerse mejor a sí mismos y saber cuáles son sus aptitudes e intereses más destacados, encontrarse con diferentes problemas y desarrollar habilidades y estrategias para resolverlos, etc. En definitiva, fomentar nuevas experiencias en el niño puede fortalecer su autoestima y sus recursos de afrontamiento y establecer una red de relaciones sociales.

El apoyo social es, sin duda, uno de los recursos más importantes para prevenir los problemas psicológicos, entre ellos los trastornos de ansiedad. Es importante fomentar las relaciones sociales del niño: dejar que realice salidas con otros niños, excursiones, dormir en casa de amigos, fijar una hora de regreso a casa que sea prudente pero no demasiado restrictiva. Cuantas más experiencias diferentes tenga el niño más estrategias desarrollará para afrontar problemas. Cuantos más amigos tenga mejor y más apoyado se sentirá para poder superar diferentes problemas.

Uno de los miedos que tienen los padres, especialmente cuando sus hijos son adolescentes, es que los amigos que lo rodean puedan influir negativamente en él. A los padres les preocupa que el chico pueda consumir alcohol, tabaco u otras drogas, se meta en peleas, etc. Es conocida la relación que existe entre las drogas y los problemas de ansiedad. Un consumo elevado de café, tabaco, alcohol u otras drogas puede tener consecuencias negativas para la salud mental y física del chico e interferir en sus actividades escolares o laborales y en sus relaciones familiares y sociales. Es importante que los padres:

- Estén informados sobre las drogas. Hablen con el chico/a de las drogas, de sus propiedades y efectos. Es mejor no mostrarse represor, transmitirle la idea de que puede hablar con sus padres abiertamente de lo que le preocupa.
- No actuar como un policía: los padres no están las 24h con el hijo ni pueden evitar que el chico pruebe las drogas. Deben confiar en él e insistir en el diálogo.
- Fomentar hábitos saludables: comer de forma sana y equilibrada, realizar ejercicio físico de forma habitual. El ejercicio físico ayuda a mejorar el estado de ánimo y a relajarse. Se trata de un 'antídoto' natural contra el estrés.

Si bien realizar diferentes actividades para potenciar las aptitudes del niño es aconsejable y saludable, y promover diferentes experiencias permite desarrollar estrategias para afrontar problemas y construir una buena red de apoyo social, no hay que excederse ni en la cantidad de actividades a realizar ni en lo que se espera de ellas. Los niños con un exceso de actividades extraescolares muestran cansancio, estrés y se sienten presionados. Tienen la necesidad de cumplir con todo y con todos y se dan cuenta de que no pueden. Esto puede repercutir de forma negativa en su salud mental. Es recomendable:

- No llenar la semana de actividades. Planificar un horario con el niño y destinar un tiempo suficiente a las tareas escolares, extraescolares y a su descanso. El horario debe ser realista
- Planificar actividades gratificantes para el niño. Por ejemplo, si al niño le cuestan las matemáticas se pueden destinar algunas horas a la semana a repasar esta materia, pero también a realizar otras actividades que al niño le resulten más agradables: fútbol, música.
- Las actividades deben gustar al niño, no sólo a los padres. Algunos padres quieren que el niño estudie o practique una actividad que ellos no pudieron realizar en su infancia. Hay que escuchar lo que quiere el niño.
- No hay que ser excesivamente exigentes con el niño. Hay que animarlo a que lo haga lo mejor que pueda, y reforzarlo por los pequeños avances, pero no exigir resultados.

Una última nota:

Como se ha comentado a lo largo del capítulo, en la educación del niño y del adolescente participan tanto los padres como los profesores y otras personas próximas al niño. Es importante que:

- Haya comunicación entre todas las personas que se encargan de la educación del niño y se informen mutuamente de los problemas que tenga.

- Se haga un frente común para solucionar estos problemas; esto implica que debe haber unidad de criterios y que todos deben trabajar en la misma dirección.

## QUE PRONOSTICO TIENEN ESTOS PROBLEMAS EN LOS NIÑOS

Alcoholismo, abuso de drogas, promiscuidad, desordenes depresivos, suicidio.

Las consecuencias de la ansiedad conforman tanto efectos psicológicos como físicos y pueden afectar en gran medida a la calidad de vida.

Efectos negativos de la ansiedad en la vida

### 1. Debilita el sistema inmune

La ansiedad puede desencadenar la respuesta de lucha o huida, liberando químicos y hormonas -como la adrenalina- en el organismo. A corto plazo, eso aumentará el pulso y la tasa cardíaca para que el cerebro pueda obtener más oxígeno.

Esto prepara para responder a una situación intensa y el cuerpo volverá al funcionamiento normal cuando la situación haya pasado. Sin embargo, si se está ansioso o estresado repetidamente, o si dura demasiado tiempo, el cuerpo no recibe la señal para volver al funcionamiento normal. Eso puede debilitar el sistema inmune, dejándolo vulnerable a las infecciones virales.

## 2. Daños en sistema digestivo y excretor

El sistema digestivo y excretor también sufren. De acuerdo a la Harvard Medical School, podría haber una conexión entre trastornos de ansiedad y el desarrollo del síndrome del intestino irritable. Este síndrome puede provocar vómitos, náuseas o diarreas. En esta clase de síndromes estomacales, los nervios que regulan la digestión son hipersensibles a la estimulación.

Debido a que estas condiciones no producen lesiones como úlceras o tumores no se considera que amenazan a la vida, aunque sus síntomas (dolor abdominal, náuseas, diarrea, vómitos) pueden ser crónicos y difíciles de tolerar.

## 3. Pérdida de memoria a corto plazo

Aunque parezcan que no están relacionados, la pérdida de memoria es un síntoma muy real de la ansiedad. La principal causa de la pérdida de memoria es una hormona llamada cortisol.

Numerosos estudios han confirmado que esta hormona contribuye a la pérdida de memoria, especialmente la memoria a corto plazo, ya que actúa como una toxina para las células cerebrales. Cuanto más se esté ansioso, más cortisol se  tendrá en el sistema, y más probabilidades se tendrá de continuar con la pérdida de memoria en el futuro.

## 4. Reacciones físicas variadas

La preocupación crónica y el estrés emocional pueden desencadenar varios problemas de salud. El problema ocurre cuando se da la preocupación o ansiedad excesivas. La respuesta de lucha provoca que el sistema nervioso simpático libere hormonas del estrés como el cortisol.

Estas hormonas pueden aumentar los niveles de azúcar en sangre y los triglicéridos (grasas). Estas hormonas también pueden provocar reacciones físicas como:

- Mareos
- Fatiga
- Dolores de cabeza
- Boca seca
- Incapacidad de concentrarse
- Ritmo cardíaco acelerado
- Tensión muscular
- Transpiración
- Respiración rápida
- Irritabilidad
- Temblores y espasmos
- Nauseas

## 5. Ataques al corazón

Los trastornos de ansiedad también se han relacionado con el desarrollo de problemas del corazón y con eventos coronarios en personas que ya tienen problemas del corazón.

En un estudio mencionado aquí las mujeres con los niveles más altos de ansiedad tenían un 59% más de probabilidades de tener un ataque al corazón y 31% más de probabilidades de morir de uno, que las mujeres con los niveles más bajos de ansiedad.

Por otra parte, un historial de ataques de pánico puede triplicar el riesgo de un stroke o ataque cerebral.

### 6. Insomnio

La experiencia de ansiedad frecuente o intensa puede interferir también con el sueño y producir insomnio. Estar constantemente en guardia, tenso o preocupado puede interferir con la habilidad para relajarse y quedarse dormido.

Por otra parte, se puede ser más sensible a los sonidos mientras se duerme.

### 7. Depresión

Si las preocupaciones excesivas o la ansiedad se dejan sin tratar, pueden guiar a la depresión o incluso a pensamientos suicidas. Es común encontrar personas que buscan combatir la ansiedad a la vez que un tratamiento para la depresión. El 50% de las personas que tienen ansiedad, también tienen uno o más trastornos de ansiedad o depresión adicional y algún otro trastorno, sobre todo el abuso de sustancias.

Para el trastorno obsesivo compulsivo los estudios indican que el pronóstico indica que cerca de dos terceras partes de los pacientes mejoran en un año, el tercio restante sigue un curso crónico, con periodos de remisión que duran meses o años. El pronóstico es peor cuando los síntomas son graves y cuando existen factores estresantes crónicos.

Pronóstico del trastorno por estrés postraumático:

- El 30% de los sujetos se recuperan completamente
- El 40% de los sujetos padecen síntomas leves
- El 20% de los sujetos continúan con sintomatología moderada
- El 10% de los sujetos no experimentan mejoría o incluso empeoran

Factores de buen pronóstico:

- Comienzo rápido de los síntomas
- Corta duración de los síntomas (inferior a los 6 meses)
- Buen estado pre mórbido
- Existencia de soporte social adecuado
- Ausencia de trastornos psiquiátricos, médicos o de abuso de sustancias asociado

Para el trastorno de ansiedad por separación, el pronóstico:

Es favorable si el tratamiento es adecuado. La mayoría de los pacientes retornan a su grado previo de funcionamiento en unos tres meses. Los adolescentes suelen requerir más tiempo que los adultos para su recuperación y no es infrecuente que desarrollen trastornos del estado de ánimo o trastornos relacionados con el consumo de sustancias.

## COMENTARIOS FINALES

Los Trastornos de Ansiedad constituyen uno de los problemas Psicopatológicos con mayor incidencia en la población.

Estos trastornos tienen como principal factor desencadenante el sometimiento a prolongada exposición a eventos estresantes que están ligados a las condiciones de vida que caracterizan a nuestro tiempo.

En la mayoría de los casos tienen su inicio durante la infancia por lo que resulta de la mayor relevancia las investigaciones y alternativas de afrontamiento para su prevención y tratamiento, ya que el éxito terapéutico depende de su correcta detección y temprana atención.

La primera herramienta con que contamos para llevar a cabo esta tarea es la educación sobre el tema, de tal forma que la sociedad en general lo conozca y en especial los educadores, ya que son quienes están en posibilidad inmediata de detectar el problema.

Los educadores también participan de manera relevante en la prevención y tratamiento, por lo que deben conocerlos aspectos relevantes sobre  este trastorno para realizar con éxito su tarea.

## CONCLUSIONES

La exposición repetida y prolongada ante estímulos que producen un estado de alerta en el organismo puede derivar en un Trastorno de Ansiedad.

Los Trastornos de Ansiedad se presentan también a edades tempranas y afectan aproximadamente al diez por ciento de la población infantil.

La investigación acerca de estos trastornos indica que tienen un efecto sobre la salud y desarrollo adecuado de los niños y se relacionan con alteraciones en la vida adulta que limitan el desempeño de la persona si no son atendidos oportuna y eficazmente.

Los resultados indican que existen factores biológicos, psicológicos y sociales que pueden tener un papel predisponente en el desarrollo de este trastorno.

Los trastornos de ansiedad son la patología psicológica de mayor prevalencia en niños y adolescentes, y por lo general son sub diagnosticados al considerarse como un rasgo del comportamiento infantil, por lo que resulta de suma importancia que los adultos que acompañan a estos niños, padres y maestros, sepan identificarlos adecuadamente y colaborar en su atención.

Se ha considerado que la presencia de eventos traumáticos en la vida de una persona la puede hacer vulnerable a los trastornos de ansiedad. El ambiente familiar y social en que el niño se desenvuelve juega un papel de vital importancia.

El comportamiento del niño en la escuela, es otro indicador importante en la detección de estos trastornos por lo que especialmente los maestros deben estar capacitados para reconocer estos indicadores y actuar oportunamente.

El Maestro representa una gran ayuda para los profesionales que atienden estos trastornos, con la detección y colaboración en su tratamiento al igual que los padres. La primera instancia para atender estos trastornos compete a la Psicología, que ha desarrollado técnicas de tratamiento que han demostrado ser eficaces y la pedagogía ha colaborado con estrategias en el aula para prevenir y atender estos problemas.

BIBLIOGRAFÍA

Beurs, E., Beekman, A., & Van Balkom, A. (29 de Mayo de 1999). Obtenido de PudMed.gov: https://www.ncbi.nlm.nih.gov/pubmed/10405079

Gullamón, N. (2004). Clínica de la Ansiedad. Obtenido de https://clinicadeansiedad.com/soluciones-y-

recursos/prevencion-de-la-ansiedad/educando-a-los-ninos-
para-prevenir-la-ansiedad/

Harvard Health Publishing. (s.f.). Obtenido de
Harvard            Medical            School:
http://www.health.harvard.edu/staying-healthy/

Hernández, M., Horga de la Parte, J., Navarro, F., &
Mira,  A.  (2015).  Obtenido  de  Conductitlán.org:
http://www.conductitlan.org.mx/06_psicologiaclinica/PISC
OLOGIA%20CLINICA/PACIENTES/1.%20guia_ansieda
d.pdf

Salanic,  M.  (2014).  Ansiedad  Infantil  y
Comportamiento en el aula. Quetzaltenango

Seligman      ME,      Walker      EF, Rosenhan
DL. *Abnormal psychology* (4th ed.). New York: W.W.
Norton & Company

The effect of childhood stress on health across the
lifespan. Middlebrooks and Audage National Center for
Injury Prevention and control. USA. 2008

# 7

## EDUCACIÓN PARA ADULTOS: CONTEXTO Y EXPERIENCIA

**Jaime Ernesto Vargas Mendoza y**
**Nancy Osorio Cuesta**

### CONTEXTO

Aunque son los niños y jóvenes los principales sujetos a los procesos educativos formales e informales, a partir de los años cincuenta del Siglo pasado, la educación de los adultos ha cobrado interés en las naciones (Gaxiola, Olmedo & Olivares). No obstante, en la Gran Bretaña desde 1889 se acordó legalizar la enseñanza técnica para adolescentes y adultos, con el objeto de formar mano de obra especializada que demandaba la Revolución Industrial. Más adelante se pudo distinguir y añadir una educación formal (educación para adultos) y una capacitación o entrenamiento en habilidades laborales, con mayor énfasis en esta segunda.

La Revolución Francesa (1789) ya había considerado la educación reglamentada para adultos, misma que empezó a desarrollarse después de 1848. Fue la Ley Guizot surgida del Ministerio de Educación Pública que mandataba organizar conferencias para adultos. No obstante, las mujeres quedaban aún excluidas y estas lucharon por su derecho a la educación y al trabajo asalariado y lo consiguieron.

Como parte de Europa, en España también se otorgó educación para adultos. La Ley Moyano (1857) instituyó las Escuelas Nocturnas y las Dominicales. Así mismo, estableció una Comisión Central para erradicar el analfabetismo (1922).

Por su parte la UNESCO patrocinó la Primera Conferencia Internacional sobre la Educación de Adultos, misma que sucedió en la Universidad de Cambridge, Inglaterra (1929) promoviendo a fondo la educación de adultos. La Segunda Conferencia de este tipo sucedió en Elsinor, Dinamarca (1949), después de la Segunda Guerra Mundial, dándose énfasis en recuperar y rehabilitar las secuelas dejadas por la guerra. Ambas conferencias fomentaron la cooperación internacional en el tema y los países más desarrollados enviaron misiones a los menos desarrollados, elaborando programas de escuelas de verano y viajes de estudio como modalidades de oferta.

Estas Conferencias estimularon la mejora continua de la educación de adultos, de manera que en Francia e Inglaterra se dio la profesionalización de los educadores de adultos como una carrera independiente.

En África, las instituciones interesadas en la educación de adultos son agrupaciones como la Unión de Mineros del Sur de África y las Comisiones para los Derechos Humanos, que existen en casi todas las naciones africanas. La educación de adultos se imparte en escenarios formales como son las escuelas y en escenarios informales como serían los talleres comunitarios. Los proyectos educativos empleados se relacionan directamente con la realidad del mundo laboral en el que viven. Se usan programas flexibles que no los distraen de sus ocupaciones laborales establecidas. Los esfuerzos en la educación de adultos han sido resultado de movimientos políticos como son la lucha por la unidad de África, la participación de los partidos políticos, los movimientos anti-colonialistas y de liberación femenina, etc. No se trata de preparar a la gente para la vida, sino hacer de su vida algo más significativo, incrementar su competitividad, fortalecer sus roles sociales, obtener mayor satisfacción de su forma de vivir y ayudarles a resolver problemas personales y comunitarios. El marco teórico de la educación de adultos en África está basado en la Andragogía de Knowles (de la que hablaremos más adelante) (Nafukho, Amutabi & Otunga, 2005).

En Europa se ha desarrollado un Plan de Acción sobre el Aprendizaje de Adultos denominado "Siempre es buen momento para aprender" (Comisión Europea, 2007), con el que se pretende incrementar las posibilidades de las personas adultas de obtener una cualificación superior a la que previamente poseían. Según la Encuesta de Población Activa en la Unión Europea, en Europa alrededor de un 70% de adultos (25-64 años) han finalizado, al menos, la educación secundaria superior (la preparatoria). Esto significa que los adultos con bajo nivel de estudios son menos de un tercio de la población adulta europea, es decir, unos 76 millones de personas adultas, que se encuentran en esta condición. Según la Encuesta de Educación de Adultos, los países con las tasas más altas de participación de adultos en educación y formación son Suecia (73%), Finlandia (55%), Noruega (55%) y el Reino Unido (49%). Asimismo, revela tasas de participación relativamente bajas en Rumanía (7%), Hungría (9%), Turquía (14%) y Grecia (15%). Las modalidades en que se imparte la educación de adultos son tanto formales (como los programas con que cuentan las universidades), como informales y flexibles, para que puedan asistir trabajadores sin descuidar sus empleos y esto mediante un régimen nocturno o de tiempo parcial, educación abierta, educación a distancia y el e-learning (Vasiliou, 2011).

En el Continente Americano, la educación de adultos comenzó hace casi un Siglo en países del sur y debido a las influencias europeas. En México, se originó con aplicación en el medio rural durante la década de los 40's y para mediados del Siglo, se extendió a todas las naciones. La planificación de la educación de adultos en los países de América Latina, a cargo de las administraciones estatales, es un proceso que se ha ido focalizando cada vez más en la población-meta y solo secundariamente y a nivel de apoyo en el sistema educativo. En América Latina, debido a las realidades histórico culturales, no puede haber una estrategia única de educación para adultos. Sin embargo, hay factores que son comunes en los diversos países, tales como la pobreza, la crisis económica y financiera, así como los procesos de paz en comunidades enfrentadas por la guerrilla. Los "centros de educación básica de adultos", además de atender parcialmente las demandas de educación formal, también atienden las necesidades y demandas de procesos educativos no formales, para ello trabajan con las organizaciones y movimientos de la sociedad civil. Uno de los programas principales en la educación de adultos en América Latina es la alfabetización, concebida esta acción educativa como parte fundamental de la lucha contra la pobreza. Otro programa sustantivo es el de la interculturalidad, que se refiere a la igualdad de oportunidades para todos los grupos étnicos que habitan en la zona, generando su integración a la cultura occidental dominante, así como el desarrollo de su propia literalidad y opciones educativas formales en su propia lengua.

Esto forma parte por cristalizar los esfuerzos de democratizar las opciones para la vida y el desarrollo. Se ha propuesto al Municipio como la instancia estratégica de fortalecimiento de la cultura democrática y del desarrollo local en Centroamérica, con el apoyo de la educación superior a los otros niveles del sistema educativo. Otros programas innovadores y muy necesarios son los que abarcan las escuelas de madres y de padres en América Latina.

Sus acciones se enmarcan en el contexto del cambio social y la lucha por la paz y la tolerancia. Así mismo, forman parte de los esfuerzos en la educación de adultos, aquellos que se dirigen a la capacitación laboral y que se enmarcan en la lucha contra la pobreza y la democratización de las oportunidades (Picón, 2013).

En los Estados Unidos, durante la mitad de los años 1990's y bajo la llamada 'Revolución Republicana', se redefinen los roles funcionales de los gobiernos federal, estatal y local basados en un nuevo federalismo para las políticas públicas. Este enfoque implica una mayor responsabilidad de los gobiernos estatales y locales para satisfacer las necesidades populares. De esta manera la Revolución Republicana reforma la política del bienestar con la promulgación de diversas leyes, entre ellas destaca la WIA (Workforce Investment Act) de 1998, aprobada durante la administración de Bill Clinton. Se trata de vínculos con programas de rehabilitación vocacional para personas con discapacidades mentales y físicas, además de la reconfiguración de los programas para la educación de los adultos, encaminada a ofrecer una educación básica hasta los niveles de secundaria (Título II de la WIA), incluyendo esfuerzos para capacitar laboralmente e instrucción para el dominio del inglés como segunda lengua (Milana & McBain, 2014).

En relación con Canadá, la Sexta Conferencia Internacional sobre Educación de Adultos (CONFINTEA VI) se llevó a cabo en Belém, Brasil en diciembre del 2009 y su documento final fue adoptado por todos los miembros, incluyendo a Canadá. Por cierto, en este país no hay una definición general de la educación para adultos, pero los gobiernos provincianos y territoriales tienen una visión compartida de aprendizaje para toda la vida, delineada en la declaración Learn Canada 2020. Sin embargo, el gobierno federal tiene a su cargo la educación de los aborígenes que viven en reservas territoriales. Los programas de educación para adultos se orientan en áreas de habilidades básicas, inglés o francés como segunda lengua, orientación vocacional y capacitación para y en el trabajo. Todos ellos dirigidos sobre todo a los jóvenes, los aborígenes, los desempleados, las personas con discapacidad y particularmente los inmigrantes. El progreso se mide mediante cuestionarios internacionales como el Adult Literacy and Life Skills Survey (ALL, 2003) y el Programme for the International Assessement of Adult Competencies (PIAAC) (Adult Learning and Education, 2012).

En México, el Sistema Educativo Nacional se empezó a consolidar luego de la Revolución Mexicana, entonces había una enorme cantidad de personas adultas analfabetas y quienes tenían algunos estudios, no terminaban la educación básica. Así que se inició la Campaña de Alfabetización en 1944. Para el 1948, se celebra en nuestro país la Conferencia General de la UNESCO y esto estimula el desarrollo de métodos y contenidos específicos para ese sector de adultos. En una etapa posterior que abarca de 1953 a 1964, se establecen Centros de Acción Educativa, Salas Populares de Lectura fijas y móviles y los Centros de Educación Extraescolar. De esta manera, en 1968, se fundan los Centros de Educación para Adultos, como tales y para 1970 la Secretaría de Educación Extraescolar comienza a expedir certificados de educación primaria. Luego, en 1973 se promueve que los adultos estudien tanto la primaria como la secundaria.

Estos avances llevaron a la aprobación de la Ley Nacional de Educación para Adultos puesta en vigor en 1976. Ordenamiento que facilitaba la acreditación de estudios sin sujetarse a los sistemas tradicionales del aprendizaje, brindando igualdad de oportunidades a mayores de 15 años y población marginada del sistema escolar. Se trata de una respuesta ante los fenómenos sociales de la migración del campo a la ciudad y del aumento de la población, así como de la necesidad de incorporar a los procesos productivos a esta mano de obra no calificada.

En 1981, por decreto presidencial, se crea el Instituto Nacional para la Educación de los Adultos (INEA), cuya función principal es la de promover la educación de la población mayor de 15 años en los niveles de primaria, secundaria y preparatoria. Es una Institución descentralizada de la administración pública federal, con personalidad jurídica y patrimonio propios. El INEA y el gobierno federal establecieron la participación voluntaria de cuatro sectores, como los actores que intervienen en la promoción educativa. El sector público (gobierno federal, estatal y municipal); el sector privado (fábricas, empresas, sindicatos) y otras organizaciones de trabajadores (campesinos, artesanos, etcétera); el sector social (organizaciones civiles, grupos religiosos, organismos no gubernamentales de asistencia social) y el sector educativo (maestros e instituciones de nivel medio superior y superior que participan como asesores voluntarios y estudiantes que cubren su servicio social), además, actualmente se está incorporando a este sistema, como asesores, a los jóvenes que están en servicio militar.

En su artículo, Gaxiola, Olmedo y Olivares, afirman que son innegables los avances que el INEA ha logrado en la promoción de la educación de los adultos. Los datos publicados por el Instituto acerca de la población atendida en 1995 a nivel nacional indican que en ese año hubo 871 806 alfabetizados, 783 380 en primaria, 534 043 en secundaria y 773 638 que fueron capacitados para el trabajo. Pero, a la pregunta de si existe una mayor población con educación formal terminada. La respuesta que ofrecen es que no, ya que en junio de ese mismo año, el rezago educativo era de 6 millones de personas analfabetas, 12 millones que no tienen educación primaria completa y 17 millones que no tienen secundaria (según el periódico La Jornada, en el artículo de Adriana Malvido). Esto da un total de 35 millones de mexicanos, a los que hay que sumar un incremento de 800 mil jóvenes cada año, que carecen de la educación básica.

En la misma dirección, un estudio relativamente reciente sobre dos tipos de programas (alfabetización y capacitación laboral) de educación de adultos desarrollados en México, comparó las características socioeconómicas, aspiraciones y expectativas de los tres principales actores de los procesos de educación de adultos: los alumnos, los maestros o instructores y los tomadores de decisiones y descubrió grandes diferencias entre los escasos logros reales y las percepciones de maestros y tomadores de decisiones sobre la eficiencia de los programas. El estudio termina afirmando que dichos programas tienen más una función política que educativa (Schmelkes & Street, 1991).

Un análisis todavía más reciente afirma que en México existe un 34% de la población con un rezago educativo. En concreto que, los esfuerzos de alfabetización no están produciendo los resultados esperados y los programas de capacitación para el trabajo no han mostrado capacidad para impactar sobre el empleo y el ingreso de los destinatarios al campo productivo. Esto se puede observar en las siguientes gráficas.

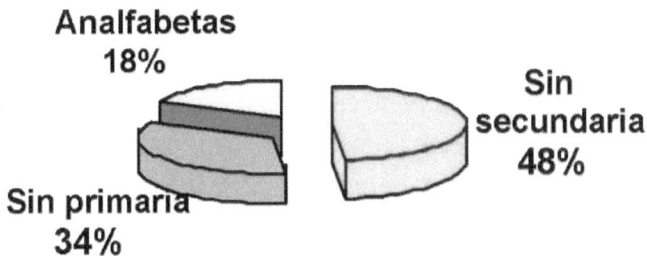

**Figura 7.1** Población analfabeta, sin primaria y sin secundaria concluida (INEA, 2003).

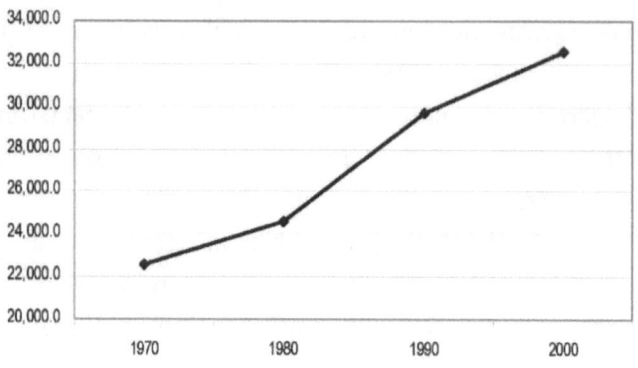

**Figura 7.2** Evolución de la población en rezago educativo
de 1970 a 2000 (INEA, 2003)

Esta realidad de pobreza estructural reconoce también que el adulto analfabeta no tiene cero conocimientos, pues la vida lo dota de saberes y habilidades que hay que tomar en cuenta, por lo que se ha planteado ahora, para la educación de los adultos, un Modelo de Educación para la vida y el trabajo (MEVyT), que pretende con base en las experiencias e intereses de las personas, se desarrolle y obtenga mayor percepción o visión del mundo para resolver los problemas de la vida cotidiana de acuerdo al ámbito en el que se desenvuelven, enriquezcan sus conocimientos con nuevos elementos que les sean útiles y significativos para potenciar su desarrollo, refuercen las capacidades, actitudes y valores que les permitan mejorar y transformar su vida y entorno, en un marco de legalidad, respeto y responsabilidad (Victorino & Víctor, 2010). El MEVyT contribuye a que las personas jóvenes y adultas puedan desarrollar competencias y habilidades básicas, fortalecer sus valores como mexicanos y abordar conocimientos que les son de interés para resolver sus problemas cotidianos. Lo hace centrándose en el desarrollo de cuatro competencias generales: comunicación, solución de problemas, razonamiento y participación, además promueve la toma de conciencia sobre actitudes y valores, en relación a los derechos humanos, la igualdad entre las personas y la visión de futuro, el sentido de identidad y pertenencia, entre otras. El análisis concluye que para que la acción educativa con los adultos no sea unilateral y exclusiva del gobierno, es necesario que los programas y proyectos comiencen a visualizarse desde las realidades y carencias de cada uno de los grupos, para lo que sería útil una metodología participativa y dialéctica a partir del análisis de la realidad comunitaria, insertada en su realidad social inmediata (p. 75).

Se trata de programas de educación y desarrollo dentro de una comunidad, elaborado, planificado, ejecutado, evaluado y hasta celebrado por la misma comunidad, con todas las ayudas y asesorías que sean necesarias, pero conducido por ellos y para las situaciones de cada grupo concreto. Para disminuir el rezago educativo en la educación de los adultos se requiere valorar aquellas experiencias que orientan hacia un verdadero desarrollo social de la gente y la sociedad civil como avances y no quedarse sólo en la condena de los índices de crecimiento económico o índice de reducción del analfabetismo en los adultos mayores de quince años en las zonas rurales y urbanas marginadas mexicanas.

El MEVyT es un modelo educativo que se deriva de la propuesta de una teoría para el aprendizaje de adultos expuesta por Malcom Knowles bajo el nombre de Andragogía (del latín adros=homgre y agogus=líder) para diferenciarlo de la Pedagogía (donde ped=niño). Malcom Knowles (1913-1997) fue un educador norteamericano quien teorizó sobre la educación de adultos. Según él, la Andragogía es el arte y la ciencia del aprendizaje de adultos, la cual orienta a los educadores de adultos para cambiar de educar a la gente a, más bien, ayudarlos en su aprendizaje.

El aprendiz debe estar en un ambiente donde se valore el aprendizaje autodidacta. Knowles consideraba que este aprendizaje debe ser un proceso que dure toda la vida. No debe esperarse que el aprendiz desarrolle un nivel de experto, sino que alcance un nivel que le permita resolver sus necesidades inmediatas. Obviamente, esta teoría no es aplicable en los contextos de la educación superior.

El Doctor Knowles concedía que el aprendiz adulto tiene 5 características importantes:

1. Auto-concepto: Conforme la persona madura su auto concepto se mueve de ser una personalidad dependiente a concebirse como un ser que se auto dirige.

2. Experiencia: Conforme la persona madura, acumula experiencias que son un recurso creciente para el aprendizaje.

3. Disposición para aprender: Conforme la persona madura, su disposición para aprender se orienta más a mejorar sus tareas y sus roles sociales.

4. Orientación para aprender: Conforme la persona madura, su perspectiva del tiempo cambia de una donde se pospone la aplicación de los conocimientos a una donde la aplicación del conocimiento es inmediata y donde también cambia de centrarse en el contenido a centrarse en su aplicación para resolver problemas.

5. Motivación para aprender: Conforme la persona madura, la motivación para aprender se adopta como una necesidad personal.

De la misma manera, de acuerdo con Knowles hay 4 principios que se aplican en la educación de adultos:

1. Los adultos necesitan involucrarse en la planeación y en la evaluación de su aprendizaje.

2. La experiencia (incluyendo los errores) proporciona las bases para las actividades de aprendizaje.

3. Los adultos se interesan más en aprender contenidos con relevancia inmediata a su trabajo o a su vida personal.

4. El aprendizaje de adultos está centrado en los problemas que enfrentan y no en los contenidos académicos (Knowles, 1980).

EXPERIENCIA

En esta sección describiremos la experiencia particular de la educación de adultos en una población del Estado de Oaxaca (México). Esto es, Santo Domingo Tlaltinango, perteneciente al municipio de Santiago Suchilquitongo (ver figura 7.3).

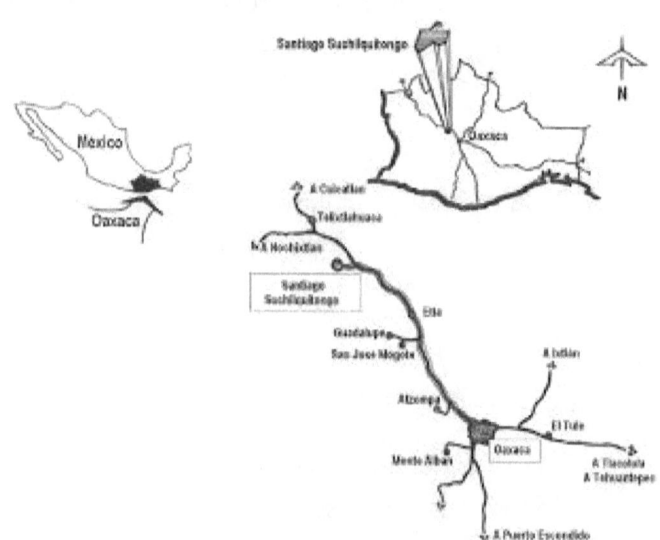

**Figura 7.3** Ubicación de la comunidad.

La situación de rezago educativo del estado de Oaxaca se puede observar en las siguientes gráficas, obtenidas de la Dirección de Planeación y Evaluación del INEA, 2003.

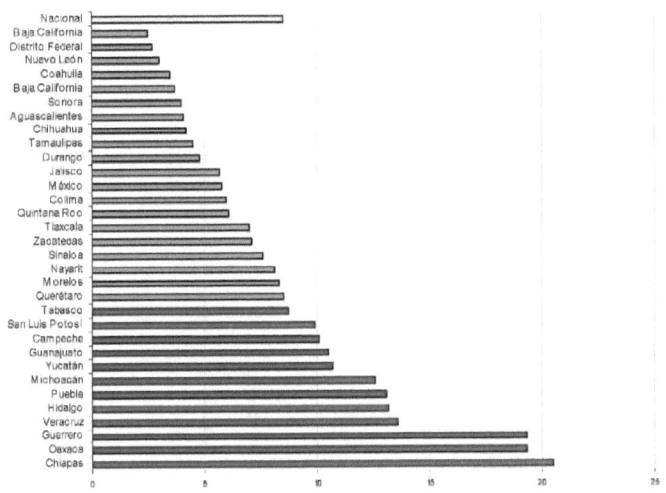

**Figura 7.4** Población analfabeta por entidad federativa (porcentaje).

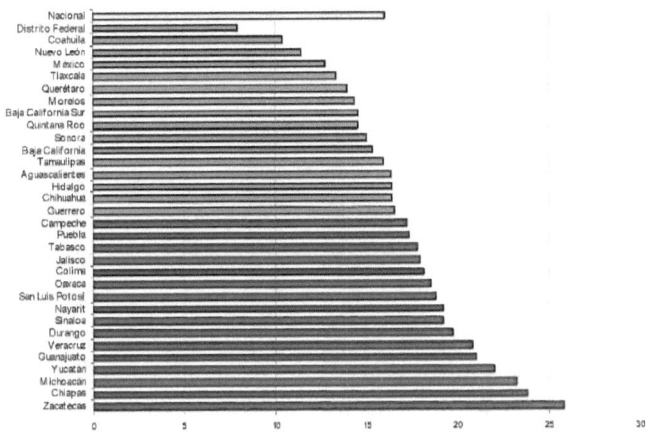

**Figura 7.5** Población sin primaria por entidad federativa (porcentaje).

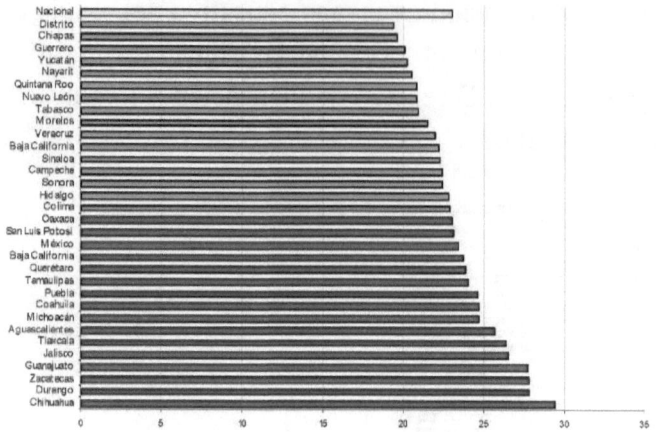

**Figura 7.6** Población sin secundaria por entidad federativa
(porcentaje).

Estas gráficas denotan que Oaxaca está por
debajo de los puntajes promedio en el panorama
nacional, sobretodo, es notable la gran cantidad de
población analfabeta que todavía tiene.

Alguna información básica sobre Santiago
Suchilquitongo, Etla, Oaxaca, es la siguiente:

NUMERO DE HABITANTES: Hasta el año
2000 la población era de 7,937 habitantes siendo el
48.1% de hombres y el 59.1% de mujeres, con una tasa
media de crecimiento anual de 2.3%.

EDUCACIÓN: En el aspecto educativo se
cuenta con 4 Jardines de niños: "Sor Juana Inés de la
Cruz", "José López Alavés", "Francisco I. Madero",
"Josefa Ortiz de Domínguez"; 4 Escuelas Primarias:
"Ricardo Flores Magón en el Barrio de la Santa Cruz,
"Revolución" en el Barrio del Agua Buena, "Genaro V.

Vásquez" del barrio de la Arena y "José María Morelos " en el Barrio del Peñasco; la Escuela Secundaria Técnica 114 y el Centro de Estudios Tecnológicos industrial y de servicios No. 38 (C.E.T.i.s. 38) de nivel medio superior. Escuela "Revolución" de Suchilquitongo. En el centro de la población se ubica una biblioteca pública y un museo comunitario llamado "Cerro de la Campana" conformado por tres salas en donde se muestra el pasado arqueológico del pueblo, así como los aspectos tradicionales y artesanales del mismo.

¿Cómo se llama el Centro?

CENTRO DE EDUCACIÓN BÁSICA PARA ADULTOS "GRAL. LEANDRO VALLE"

¿Qué programas ofrece?

El Centro de Educación Básica para Adultos "GRAL. LEANDRO VALLE" ofrece los siguientes servicios: clases de primaria y secundaria para personas mayores de 15 años que no pudieron continuar con sus estudios y obtener un certificado, el Taller de Técnico en Computación con una duración de dos años con escolaridad mínima de Secundaria.

¿En qué instalaciones?

Nos encontramos en el aula de medios de la Escuela Primaria "Abraham Castellanos" frente a la agencia municipal de Santo Domingo Tlaltinango, Etla, Oaxaca (ver figura 7.7).

**Figura 7.7** Instalaciones y alumnos

¿Con qué alumnos?

Se perifonea, se hacen visitas domiciliarias, se pegan carteles en los puntos más concurridos y se reparten volantes en toda la población y comunidades aledañas invitando a todas las personas (hombres, mujeres), cumpliendo los requisitos mencionados con anterioridad.

¿Qué resultados se han obtenido?

Los resultados obtenidos en diversas ocasiones del perifoneo, la publicidad (carteles y volantes), visitas domiciliarias en la comunidad y comunidades aledañas respecto a la publicidad de los servicios no han sido muy alentadores. Algunas personas (mujeres y hombres, jóvenes y adultos) no se interesan por las clases, manifiestan que trabajan todo el día, tienen que atender a sus esposos e hijos o se van al campo. Otros jóvenes mencionan que están estudiando el bachillerato y que les dejan mucha tarea aunado al horario que les tocó.

Por otro lado, de los alumnos inscritos existe una deserción considerable debido a que no contamos con el equipo de cómputo necesario para que ellos realicen sus prácticas, las computadoras que están en el aula están obsoletas e inservibles, siendo un factor desmotivante y aunque se han buscado diversas formas de trabajar con ellos abarcando lo más posible del programa, no ha sido suficiente.

Experiencia Personal de un alumno:

Mi experiencia personal en el sistema abierto ha sido de mucho apoyo porque gracias a este tipo de sistema educativo acabé la secundaria y llegué a estudiar ahí por no poder hacerlo en una institución normal. El tiempo que he estado en este sistema educativo ha sido muy divertido por la convivencia con los demás alumnos, con los que se puede tener una grata interacción, al igual que con nuestra maestra de grupo.

De hecho, no hay mucha diferencia entre una escuela normal y este sistema porque en ambos se estudia y al final logramos la recompensa de nuestra certificación, por lo que al terminar la secundaria me integré a los cursos de computación. Como casi no hay alumnos esto permite tener una mayor atención por parte de la maestra. El único problema han sido los equipos en mal estado del aula de medios en la cual estamos trabajando, pero fuera de ello, el sistema abierto es un gran apoyo para la formación educativa de cada quien.

Alumno: Pedro Edwin Cruz Abad

## BIBLIOGRAFÍA

Adult Learning and Education (2012). Council of Ministers of Education, Canada.

Gaxiola H, Olmedo L. y Olivares S. Un recorrido por la historia de la educación de adultos. Universidad Autónoma Metropolitana, Unidad Xochimilco. Recuperado de 148.206.107.15/ biblioteca digital/capítulos/67-209gjr.pdf en febrero del 2017

Knowles, M. (1980) The modern practice of adult education, revised and updated. Englewood Cliffs: Prentice Hall Regents.

Milana M. & McBain L. (2014) Adult education in the United States of America: A critical examination on national policy (1998-2014). ENCYCLOPAIDEIA XVIII (40), 34-52

Nafukho, F., Amutabi, M., & Otunga, R. (2005) Foundations of Adult Education in Africa. UNESCO Institute for Education.

Picón Espinoza César (2013) Educación de Adultos en América Latina y el Caribe. Utopías posibles, pasiones y compromisos. CREFAL.

Schmelkes A. & Street S. (1991) Tres visiones de la educación de adultos en México: Los funcionarios, los instructores y los adultos. Revista Latinoamericana de Estudios Educativos (México), Vol. XXI, No. 1, pp. 37-73

Vasiliou, A. (2011) La educación formal de adultos en Europa: políticas y prácticas. Agencia Ejecutiva en el Ámbito Educativo, Audiovisual y Cultural.

Victorino R. L. & Víctor R. A. C. (2010) Educación para adultos en el Siglo XXI: Análisis del Modelo de Educación para la Vida y el Trabajo en México ¿avances o retrocesos? Tiempo de Educar, Año 11, Número 21, 59-78

# 8

## LA EDUCACIÓN A DISTANCIA ¿DE QUÉ SE TRATA?

**Jaime Ernesto Vargas Mendoza**

Dentro de un contexto de rápido cambio tecnológico y de giros en las condiciones del mercado, el sistema educativo se enfrenta al reto de proporcionar mayores oportunidades educativas, sin gastos onerosos para el presupuesto. Muchas instituciones educativas están respondiendo a este reto mediante el desarrollo de programas de educación a distancia. En su nivel más básico, la educación a distancia ocurre cuando un maestro y su(s) estudiante(s) están separados por una distancia física y se emplea la tecnología (de voz, video, datos e impresos), muchas veces junto con la comunicación cara-a-cara, para ponerlos en contacto. Este tipo de programas pueden proporcionarles a los adultos una segunda oportunidad de obtener una educación formal, puede alcanzar a quienes se encuentren limitados de tiempo, se encuentren lejos o estén físicamente disminuidos, así como puede brindar actualización a los trabajadores en sus mismos lugares de trabajo.

No debemos ocultar que todavía hay confusión respecto a la terminología en el campo de la educación a distancia. En particular el uso del término "aprendizaje a distancia" es problemático debido a que sugiere acciones de una persona, el aprendiz, que son independientes de las acciones de los maestros. No obstante, los denominados programas de "aprendizaje a distancia" son, de hecho, programas de enseñanza-aprendizaje, por lo que, solo pueden referirse correctamente como educación a distancia.

Haciendo un poco de historia, el primer intento en inglés de definir la educación a distancia y articular una teoría al respecto, se da en 1972 (Moore, 1972) y en 1980 se acuña el nombre de "teoría de la distancia transaccional" (Moore, 1980). Este concepto de "transacción" se deriva de Dewey (Dewey & Bentley, 1949). Boyd & Apps (1980) lo explican diciendo: "se refiere a un intercambio entre el ambiente, los individuos y los patrones de comportamiento en una situación" (p.5). La transacción que denominamos como educación a distancia ocurre entre individuos que son maestros y estudiantes, en un ambiente que tiene las características especiales de la separación entre unos y otros y un consecuente grupo de comportamientos especiales de enseñanza y aprendizaje.

En la actualidad, ahora nos parece que la distancia transaccional es una variable continua y no discreta, un término relativo y no absoluto. En cualquier programa educativo hay algún tipo de distancia transaccional, aun cuando los maestros y los alumnos interactúen cara-a-cara. Lo que es normalmente referido como educación a distancia es ese subgrupo de programas educativos en los que la separación entre maestro y alumno es tan significativa que afecta sus comportamientos y requiere del uso de técnicas especiales, que conducen a una conceptualización especial. Estos procedimientos especiales de enseñanza tienen dos vertientes que son las que determinan la extensión de la "distancia" en un programa: el diálogo y la estructura.

El diálogo describe la interacción entre maestro y estudiante, cuando uno da las instrucciones y el otro responde. La extensión y naturaleza de éste diálogo la determina la filosofía educativa del individuo o grupo responsable del diseño del curso, las personalidades del maestro y de los alumnos, la materia de estudio del curso y los factores ambientales, entre los que destaca el medio de comunicación.

El segundo conjunto de variables que determinan la distancia transaccional son elementos del diseño del curso. Estos son las maneras en que el programa de aprendizaje se estructura, de manera que pueda ser entregado por los diversos medios de comunicación. Los programas se pueden estructurar de diferentes maneras tomando en cuenta la necesidad de producir, copiar, entregar y controlar los mensajes mediáticos.

La estructura expresa lo rígidos o flexibles que sean los objetivos educacionales, las estrategias de enseñanza y los métodos de evaluación. Describen qué tanto se pueden acomodar o dan respuesta a las necesidades individuales de los alumnos (Moore, 1991).

La experiencia de aprendizaje debe tener un propósito claro, así como objetivos y logros muy claramente especificados.

El aprendizaje basado en la Web, por ejemplo, debe considerar la naturaleza del contenido de los cursos, el contexto específico, las metas deseables en el aprendizaje y las características del alumno. Las estrategias centradas en el alumno incluyen unidades modulares que contengan pequeños paquetes de aprendizaje. Estos módulos bien pueden ser abiertos, flexibles y auto-directivos (Turgeon,1997).

Muchos profesores se preguntan si los estudiantes a distancia aprenden igual que los estudiantes en clases tradicionales cara-a-cara. La investigación que compara la educación a distancia con la educación tradicional cara-a-cara nos indica que enseñar y aprender a distancia puede ser tan efectivo como la enseñanza tradicional, cuando los métodos y las tecnologías empleados son las adecuadas para las tareas de la materia a enseñar, cuando se da la interacción estudiante-estudiante y cuando hay oportunidad para los estudiantes de ser realimentados por el profesor (Moore & Thompson, 1990).

Están disponibles una amplia variedad de opciones tecnológicas para el educador a distancia. Estas se engloban en las cuatro categorías siguientes:

**Voz** - Las herramientas de audio instruccionales incluyen las tecnologías interactivas del teléfono, la audio conferencia y el radio de onda corta. Tecnologías de audio pasivas (de una dirección) incluyen el radio y los audio cassettes.

**Video** - Las herramientas de video instruccional incluyen imágenes fijas como las transparencias o filminas, imágenes con movimiento pre-producidas (cine, videotape), así como imágenes en movimiento de tiempo real combinadas con audio conferencia (video de una o dos direcciones con audio de dos direcciones).

**Datos** - Las computadoras envían y reciben información electrónicamente. Por ello, el término "datos" se emplea para describir esta amplia categoría de herramientas de enseñanza. Las aplicaciones de las computadoras a la educación a distancia son diversas e incluyen:

- Instrucción Asistida por Computadora (CAI) - que emplea a la computadora como una máquina de enseñanza auto suficiente para presentar lecciones individuales.
- Instrucción Administrada por Computadora (CMI) - que usa la computadora para organizar la enseñanza y rastrear las calificaciones y el progreso de los estudiantes. No necesita que la enseñanza sea provista por la computadora, aunque la CAI y la CMI frecuentemente se combinan.
- Educación Mediada por Computadora (CME) - que implica el uso de programas de computadora que facilitan el ofrecimiento de la enseñanza. Los ejemplos incluyen al correo

electrónico, los faxes, la conferencia por computadora en tiempo real y las aplicaciones WWW (World Wide Web).

**Impresiones** - mismas que son un elemento fundamental en los programas de educación a distancia y las bases a partir de las cuales han evolucionado todos los otros sistemas (recordemos la enseñanza por correspondencia). Se dispone de diversos formatos de impresiones como: libros de texto, guías de estudio, libros de ejercicios, programas de las materias y estudios de caso.

Aunque la tecnología juega un papel muy importante en el ofrecimiento de la educación a distancia, los maestros deben permanecer enfocados en las metas de la enseñanza y no en la tecnología. La clave para una educación a distancia efectiva está en concentrarse en las necesidades de los alumnos, los requerimientos de los contenidos y en las restricciones que enfrenta el maestro, todo esto, antes de seleccionar el sistema para hacer entrega de la educación a distancia.

Con frecuencia, esta forma sistemática de trabajar lleva a una mezcla de recursos, cada uno de los cuales es útil para un propósito específico. Por ejemplo: el énfasis en los materiales impresos puede proporcionar mucho del contenido educativo básico, como sucede con los libros de texto, así como con las lecturas complementarias, los programas de la materia y las actividades cotidianas. Las conferencias interactivas de audio o video, pueden ofrecer interacciones en tiempo real del tipo cara-a-cara. También resultan en una forma excelente de incorporar a conferencistas invitados y otros expertos en ciertos temas. La conferencia por computadora o el correo electrónico pueden utilizarse para enviar mensajes, realimentar al estudiante por su ejecución en las asignaturas y otorgar otro tipo de comunicados a uno o más miembros de la clase. También pueden servir para aumentar la interacción entre los alumnos. Los video-tapes pre-grabados pueden ser útiles para presentar conferencias a la clase y orientar visualmente los contenidos. El fax puede usarse para distribuir asignaciones, para anuncios o comunicados de último momento, para recibir las tareas de los alumnos y para proporcionar feedback oportuno.

La enseñanza a distancia es diferente a la enseñanza tradicional y requiere de algunas estrategias. Los maestros de salón de clases confían en diversas señales visuales directas que les proporcionan sus estudiantes y que les permiten mejorar la entrega de los contenidos educativos (actuación de la enseñanza). Por ejemplo, una mirada rápida le revela quien está atento tomando apuntes, intentando comprender una idea difícil o preparándose para hacer un comentario. Son igualmente evidentes los alumnos que no entienden, están confundidos, se sienten cansados o se están aburriendo. De manera que el maestro recibe y analiza estas señales y ajusta su técnica didáctica para lidiar con estas necesidades de la clase durante una sesión en particular. En contraste, el maestro a distancia prácticamente no tiene señales visuales y las que alcanza, están filtradas por dispositivos tecnológicos como serían los monitores (de video o pantallas). Resulta difícil conducir una estimulante discusión del maestro con la clase, cuando la espontaneidad se ve alterada por los requerimientos técnicos y la distancia. Sin el empleo de medios visuales en tiempo real, como la televisión, el maestro no recibe información visual desde sitios lejanos.

Por ejemplo, el maestro nunca sabrá con seguridad si los alumnos están dormidos, hablando entre ellos o aún, si se encuentran en la habitación. El vivir en diferentes comunidades, diversas regiones geográficas o en distintos países, priva al maestro y a los alumnos de un vínculo comunitario.

No obstante, muchos maestros sienten que las oportunidades que ofrece la educación a distancia sobrepasan a los obstáculos. De hecho, muchos de ellos opinan que la concentración que se requiere para ser profesor a distancia, hace que mejores y desarrollen aún más sus habilidades de enseñanza y su empatía con los estudiantes. Los retos que significa la educación a distancia se compensan por las oportunidades para:

- Expandir la audiencia de estudiantes.
- Satisfacer las necesidades de estudiantes que no tienen acceso a las clases comunes.
- Abarcar a estudiantes del exterior que de otra manera serían inalcanzables.
- Vincularse con alumnos de diferente, clase social, cultural y económica.

Las sugerencias para planear y organizar un curso en oferta a distancia son:

- Iniciar el proceso de planeación del curso mediante el estudio de los hallazgos de la investigación en el campo. Hay varias revisiones disponibles (ver Moore & Thompson, 1990).
- Antes de desarrollar algo nuevo, verifique y revise los materiales existentes para tener ideas acerca de los contenidos y la forma de presentarlos.
- Analizar y entender las fortalezas y debilidades de las opciones de entrega disponibles (audio, video, datos, impresos), no solo en términos de medios (satelital, microondas, cable de fibra óptica, etc.), sino en términos de las necesidades del aprendiz y de los requisitos del curso, todo esto antes de seleccionar una mezcla de la tecnología instruccional.
- Considere una sesión pre-clase donde todos se conozcan informalmente y se familiaricen con la tecnología de entrega, al tiempo que aprendan acerca de los roles y responsabilidades del personal de apoyo (técnico o administrativo).
- Al inicio de la clase empiece con una exposición franca de las reglas, los lineamientos y los estándares.
- Asegúrese que cada sitio esté apropiadamente equipado. Si es posible, proporcione un teléfono sin costo para reportar y rectificar problemas.

- Si se envían materiales impresos por correo, asegúrese que lleguen en buen estado antes del curso.
- Inicie la clase con un bajo ritmo, con un número chico de sitios y estudiantes.

Los alumnos deben involucrarse activamente. Las experiencias concretas donde uno mete las manos y es activo, son altamente efectivas. Aprender haciendo, hacer uso de la analogía y la asimilación, son formas pedagógicas importantes. También hay que decir que, si es posible, los logros del aprendizaje deberían relacionarse con las experiencias de la vida real, mediante simulaciones y aplicaciones de lo aprendido (ADEC, 2003).

Ahora bien, considérense las siguientes estrategias para satisfacer las necesidades de los estudiantes:

- Asista a los alumnos para sentirse cómodos con la tecnología de entrega y prepárelos para resolver los eventuales problemas ayudándose unos con otros y sin desesperarse.
- Haga que los estudiantes estén pendientes y cómodos respecto a las nuevas formas de comunicación que se empleen en el curso.
- Trate de saber acerca de los antecedentes y experiencias de sus estudiantes. Exponga los suyos, así como sus intereses actuales.
- Sea sensible a las diferencias culturales y recuerde que los ejemplos de algunos conceptos, como el humor, pueden ser percibidos de manera diferente.

- Recuerde que los estudiantes tienen que ser activos y responsables de su propio aprendizaje.
- Considere los tiempos que se requieran para enviar y recibir mensajes, en función de los medios que se empleen para ello, de manera que las fechas límite consideradas en el programa de la materia se alcancen razonablemente.

Los ambientes de aprendizaje deben incluir aprendizaje basado en problemas, así como aprendizaje basado en conocimientos. El aprendizaje basado en problemas involucra habilidades de pensamiento de alto orden como el análisis, la síntesis y la evaluación, mientras que el aprendizaje basado en el conocimiento involucra la repetición, la comprensión y la aplicación (Dede, 1996). "El conocimiento se vuelve una función de cómo es que el individuo les da sentido a sus experiencias, no depende tanto de lo que alguien afirme que es verdad" (Jonassen, 1995). Las experiencias de aprendizaje deben apoyar la interacción y el desarrollo de comunidades basadas en los intereses mutuos.

Para la mayor parte de los profesores, una enseñanza a distancia efectiva necesita del fortalecimiento de las habilidades que estos posean y no del desarrollo de nuevas habilidades. Hay que prestar especial atención a:

- Calcular de manera realista la cantidad de material que pueda ofrecer en su curso.

- Presentar los contenidos en un curso a distancia toma más tiempo que presentarlos en una clase ordinaria.
- Considere las diferencias en habilidades de aprendizaje de sus estudiantes, algunos lo harán mejor en interacciones grupales y otros en el trabajo independiente.
- Diversifique las actividades de su curso y evite las conferencias largas. Intercale la presentación del contenido con discusiones de grupo y ejercicios centrados en el estudiante.
- Humanice su curso preocupándose por los estudiantes y no por la tecnología.
- Considere usar un apoyo impreso para complementar materiales no imprimibles.
- Haga uso de casos relevantes conocidos y todos los ejemplos que pueda, para ayudar a los alumnos a comprender y aplicar el contenido del curso.
- Sea conciso. Utilice enunciados cortos y haga preguntas directas.
- Desarrolle estrategias para reforzar a sus estudiantes, como para hacerlos que repasen, repitan y compongan lo que esté mal. La discusión por teléfono de persona a persona o el correo electrónico le puede ayudar para lograrlo.

El desarrollo instruccional nos proporciona un proceso y un marco de referencia para la planeación sistemática, el desarrollo y la adaptación de la enseñanza, en base a las necesidades identificables de los estudiantes, así como a los requerimientos de los contenidos de la materia a enseñar. Aunque abundan los procesos y modelos de desarrollo educativo (Dick & Carey, 1990; Gustafson & Powell, 1991; Verduin & Clark, 1991; Candy, 1991), la mayor parte de planificadores siguen las mismas estrategias básicas de diseñar, desarrollar, evaluar y revisar. Los buenos maestros utilizan diversas maneras para determinar qué tanto y qué tan bien han aprendido sus alumnos, algunas formales y otras informales. Por ejemplo, para evaluar formalmente el aprendizaje de los alumnos, casi todos los maestros recurren a los exámenes, los cuestionarios, los ensayos escritos, los reportes de laboratorio o las tareas.

Para evaluar la clase informalmente, los maestros hacen preguntas, escuchan con atención las interrogantes y los comentarios de sus alumnos, al tiempo que observan el lenguaje corporal y las expresiones faciales de éstos. Estos elementos les permiten ajustar su enseñanza: detenerse un poco y repasar algún material en respuesta a las preguntas, las confusiones o los malos entendidos. A veces pueden avanzar hacia delante, cuando los alumnos exceden las expectativas.

Cuando se enseña a distancia, los maestros tienen que encarar un reto diferente. Por ejemplo, no solo evaluar formalmente con exámenes y tareas, sino usar un enfoque más informal (Angelo & Cross, 1993) para colectar datos que lo ayuden a determinar:

- Que tan cómodos están los alumnos con la forma en que reciben la instrucción a distancia.

- Qué tan apropiadas son las tareas que se les asignan.
- Qué tan claro les queda el contenido del curso.
- Si se administra bien el tiempo de la clase.
- Qué tan efectiva les resulta la enseñanza.
- Cómo sugieren que podría mejorarse el curso.
- Qué formas de evaluación sugieren.

La evaluación puede ser formativa, sumaria o una combinación de las dos. La evaluación formativa es un proceso continuo que se emplea en todos los estadios de la enseñanza, le permite al maestro mejorar su curso conforme va avanzando, facilita la adaptación de los contenidos a utilizar, permite identificar los huecos en el programa de la materia o la necesidad de ajustes menores. Algunas estrategias que los maestros pueden utilizar en este renglón son: el correo electrónico y el teléfono (disponga de horas de oficina para recibir llamadas de los alumnos).

La evaluación sumaria permite supervisar la eficiencia general del producto terminado de un curso y posibilita la elaboración de un plan de revisión de nuestro sistema de enseñanza a distancia o sustento para elaborar un nuevo plan, programa o curso. Algunos elementos que podrían agregarse a un cuestionario de evaluación sumaria podrían ser:

- Enliste 5 debilidades del curso que tomó.
- Cite 3 (o 5) aciertos que haya observado en el curso.
- Si usted fuera el maestro ¿qué cosa haría diferente?

- ¿Qué le recomendaría a un amigo que hiciera antes de tomar este curso?
- ¿Qué esperaba ver en este curso y que fue saltado?

Ahora bien, en el contexto de la evaluación formativa o sumaria, los datos pueden colectarse mediante métodos cuantitativos y cualitativos. La evaluación cuantitativa hace preguntas que puedan ser estadísticamente tabuladas y analizadas, empleando una escala, una lista de verificación o respuestas de sí o no. De hecho, limita a los alumnos para que respondan dentro de las categorías que se le ofrecen a su disposición. Estos métodos requieren de muestras grandes de estudiantes para lograr un análisis estadístico relevante.

Los métodos cuantitativos son recomendables para obtener información de grandes cantidades de educandos, para los que no se puede profundizar y ante quienes las aproximaciones más personales resultan imposibles. Así que, para la educación a distancia no son tan adecuados, ya que las clases son pequeñas y tienen estudiantes con diversos repertorios y antecedentes culturales. Estas poblaciones pequeñas y estratificadas típicamente son un desafío para el análisis estadístico.

Por otro lado, la evaluación cualitativa es típicamente más subjetiva, es más difícil de tabular en categorías, pero resulta menos afectada por el tamaño de clases chicas. Se trata de un método más flexible y dinámico, que puede hacer uso de:

- Preguntas abiertas - cuyas respuestas podrían cuestionar sobre la identificación de las fortalezas y las debilidades de la enseñanza, sugerir cambios, explorar actitudes acerca de los métodos de otorgamiento del material a distancia, etc.
- Observación participativa - con el maestro a distancia observando la dinámica del grupo y la conducta, mientras participa en la clase, haciendo ocasionales preguntas.
- Observación no-participativa - con el maestro a distancia observando el curso (por ejemplo, mediante audio conferencia, televisión interactiva, etc.) sin participar ni hacer preguntas.
- Análisis de contenido - donde el evaluador, usando un criterio predeterminado, revisa la documentación del curso incluyendo el programa de las materias, así como las tareas asignadas a los alumnos y los documentos relativos a la planeación del curso.
- Entrevistas - con un facilitador o individuo especialmente entrenado para colectar datos evaluativos mediante entrevistas cara-a-cara o en pequeños grupos de estudiantes.

Todo lo anterior, nos da una idea de qué es lo que involucra la educación a distancia y lo que pondera como diferente de la educación tradicional, sin embargo, no solo se trata de incorporarse a la modernidad, sino de hacer uso de lo que ahora nos permite la tecnología, a fin de atender lo que nos dicta nuestra vocación como educadores.

# BIBLIOGRAFÍA

ADEC (2003) Guiding Principies for Distance Teaching and Learning.

Angelo, T. & Cross, P. (1993) Classroom assessment techniques: A handbook for College teachers. San Francisco: Josey-Bass Publishers.

Boyd, R. J. W. Apps, et al (1980) Redefining the Discipline of Adult Education. San Francisco: Josey- Bass.

Candy, C. (1991) Self-Direction for Lifelong Learning.    San Francisco: Jossey-Bass.

Dede, D. (1996) The evolution of distance education: Emerging technologies and Distributed learning. The American Journal of Distance Education, 10(2), 4 - 36.

Dewey, J. & Bentley, A. F. (1949) Knowing and the Known.Boston: Beacon Press.

Dick, W., & Carey, L. (1990) The systematic design of instruction.Glenview, IL: Scott, Foresman, and Company

Gustafson, K. L. & Powell, G. C. (1991) Survey of instructional development models with an annotated ERIC bibliography (2nd Ed.). Syracuse, NY: ERIC Clearinghouse on Information Resources.

Jonassen, D., Davidson, M., Collins, M., Campbell, J. & Hagg, B. B. (1995) Constructivism and computer-mediated communication. The American Journal of Distance Education, 9(2), 7 - 26.

Moore, M. (1972) Learner autonomy: The second dimension of independent Learning. Convergences, 5 (2): 76 - 88.

Moore, M. (1980) Independent study. En: Redefining the Discipline of Adult Education. Boyd, R (Ed.). San Francisco: Jossey-Bass.

Moore, M. G. & Thompson, M. M. , with Quigley, A. B., Clark, G. C. & Goff, G. G. (1990) The effects of distance learning: A summary of the literature. Research Monograph No.2. University Park, PA: The Pennsylvania State University, American Center for the Study of Distance Education.

Moore, M. G. (1991) EDITORIAL Distance Education Theory. The American Journal of Distance Education, 5(3).

Turgeon, A. (1997) Implication of web-based technology for engaging students in a Learning society. Journal of Public Service and Outreach, 2(2), 32 - 37.

Verduin, J. R. & Clark, T. A. (1991) Distance education: The foundations of effective Practice. San Francisco, CA: Jossey-Bass Publishers.

Willis, B. (1993) Distance education: A practical guide. Englewood Cliffs, NJ: Educational Technology Publications.

# 9

## EDUCACIÓN BASADA EN EVIDENCIA: LA ENSEÑANZA DE LA PSICOLOGIA A NIVEL LICENCIATURA

Jaime Ernesto Vargas Mendoza

En los años 60's, Fred Keller desarrolló un método altamente efectivo para la enseñanza en el nivel universitario (Keller, 1968, 1974, 1985). Este sistema, llamado Sistema de Instrucción Personalizada (SIP) fue implementado en muchos salones de diversas universidades norteamericanas a lo largo de los años 70's. También fue implementado en la enseñanza de la psicología a nivel licenciatura en la Universidad Veracruzana y su Escuela en Xalapa (McCrea, 1976). Cada que se evaluaba experimentalmente este método, alcanzaba resultados superiores al compararse con otros métodos de enseñanza (Brothen, Wambach & Hansen, 2002; Burton, Moore & Magliaro, 2004; Eppler & Ironsmith, 2004; Fox, 2004).

El Sistema de Instrucción Personalizada se refiere a un aprendizaje al propio ritmo del estudiante, pero a un nivel de dominio de los contenidos (generalmente de un 80% o superior), antes de permitírsele avanzar al siguiente módulo. Al alumno se le permite tomar el examen todas las veces que sea necesario, hasta que lo apruebe. Para poder lograr esto, los instructores contrataban "monitores" que administraban las pruebas, daban los resultados y otorgaban tutorías a cada alumno. Todo esto consumía gran cantidad de tiempo. Las materias se aprobaban dependiendo de cuantos "módulos" hubiera completado el estudiante (Arredondo, 1975).

Debido a la naturaleza de su trabajo intensivo y su consumo de tiempo, los cursos bajo el Sistema de Instrucción Personalizada dejaron de utilizarse en los años 80's, no porque fueran inefectivos, sino por su dificultad para la implementación.

Los primeros modelos psicológicos del aprendizaje, el conductismo, el cognoscitivismo, el constructivismo cognitivo y la psicología humanista, determinaban que el aprendizaje era un proceso individual que consistía en el cambio en los patrones conductuales o el incremento o la alteración de modelos y procesos mentales (Tustin & Barton, 2003). El enfoque conductista opina que el aprendizaje se refiere al entrenamiento de las respuestas mediante el reforzamiento, mientras que los teóricos del cognoscitivismo y del constructivismo cognitivo apuntan a un proceso cognitivo más complejo donde el nuevo aprendizaje surge a partir de lo que la persona ya sabe y afirma que al aprendiz debe permitírsele que desarrolle su estilo propio y siga sus propios intereses. Por su parte la psicología humanista sostiene que los individuos buscan superarse a sí mismos y que tienen un potencial ilimitado para hacerlo. Estos primeros modelos psicológicos del aprendizaje están basados en buena parte en modelos psicológicos clásicos, como los de Skinner, Bandura, Piaget, Bruner y Maslow.

Por su parte, Brookfield defiende la idea de que "el aprendizaje es un proceso colectivo que involucra la formación y reproducción cultural de símbolos y perspectivas significativas. Por lo que no se le debe entender o investigar como un fenómeno desconectado, ideosincrático y completamente autónomo." (Brookfield, 1995). Este paradigma alternativo cobija teorías como la teoría desarrollista, la teoría de la actividad y el constructivismo social, la cognición situacional, la neurociencia y el aprendizaje cros-cultural, que específicamente se fundamentan en cómo influye la interacción entre el aprendiz y su contexto social, para conjuntamente facilitar y reforzar el proceso del aprendizaje. La teoría desarrollista ubica al aprendizaje como social y culturalmente contingente, en términos de la posición social del individuo y los roles que juega en la sociedad. Conducir el aprendizaje mediante la interacción con los demás que están al mismo nivel de aprendizaje, pensando que esto facilita los recursos mediacionales del aprendizaje, mismos que juegan un papel importante, es el meollo de la teoría de la actividad y del constructivismo social. El enfoque de la cognición situacional propone que aquellas prácticas sociales en las que el aprendiz se siente confortable, pueden ser el punto de inicio para el proceso educativo. Por su parte, en el campo médico de la neurociencia, los investigadores están ahora desarrollando teorías que sugieren que las conexiones neuronales se forman mientras el individuo interactúa con el mundo exterior. Todas estas teorías se encuentran en un proceso de evaluación y la evidencia que las apoya es limitada y no concluyente. El campo de las neurociencias es el que cuenta con datos científicos más "duros", aunque aún se encuentra en las etapas iniciales de la investigación. Por su parte, comparadas con las otras teorías, la teoría desarrollista y la cognición situacional han generado la mayor cantidad de trabajos reportados y de evaluaciones pertinentes.

También se han llevado a cabo investigaciones en otros modelos, algunos de estos modelos muestran como el comportamiento de los individuos y las prácticas educativas a que se someten, influyen en los procesos formales de aprendizaje (como el aprendizaje informal o autodidacta), otros ocurren bajo un enfoque no-tradicional del salón de clases (como el aprendizaje a distancia), mientras que otros modelos no se enfocan en la transferencia de algún aprendizaje en particular, sino que enseñan a los adultos como aprender en un ambiente complejo y cambiante (como es cuando hablamos de 'aprender a aprender' o de lo que se ha denominado como 'teorización práctica').

El modelo de aprendizaje más extensivamente evaluado es el que se conoce como Aprendizaje Basado en Problemas (y ejemplos son el 'Aprendizaje Experencial' y la 'Reflexión Crítica'). La característica de estos enfoques radica en considerar que el aprendizaje se facilita mediante la experiencia y las técnicas de 'hágalo usted mismo' (hands-on), como son el empleo de simulaciones y el llevar a cabo estudios de caso. En los últimos años, este modelo se ha usado extensivamente a lo largo de las prácticas educacionales internacionales. Los primeros estudios reportados para evaluar este enfoque brindan apoyo a su efectividad, por encima de la mayoría de los modelos didácticos tradicionales, aunque Stuart y colaboradores (2004) señalan que tales reportes están llenos de problemas metodológicos como son el uso de grupos con muestras no comparables, diseños post-test de un solo grupo y variables dependientes no objetivas, carentes de confiabilidad y validez.

Así que, con tantas teorías y modelos, la duda permanece ¿hay alguno superior a los demás, que uno deba seguir? Ante esta situación, se ha llegado a proponer que el concentrarse en un solo modelo aplicable a diversas poblaciones de aprendices, en ambientes diferentes, que estén aprendiendo diferentes cosas, posiblemente no sea el enfoque apropiado. El pensar que no existe un modelo único para todos los alumnos en todas las situaciones es una idea congruente con la teoría social post moderna, que establece que cuando se elabore una explicación, uno debe tomar en cuenta la diversidad y la fragmentación. Usar una sola explicación puede ser una manera de silenciar e imponer el poder, sobre las opiniones disidentes y no representa la verdad. Es posible, entonces, que no haya un modelo único superior y que uno necesite elaborar lo que sea adecuado a las diversas prácticas y contextos, en donde ocurra el aprendizaje.

Stuart y colaboradores (2004) sugieren que otra forma de abordaje sería el enfocarse no en las teorías del aprendizaje, sino en los modelos de enseñanza. Ellos nos aclaran que el aprendizaje y la enseñanza son cosas diferentes. La enseñanza debería basarse en prácticas empíricamente sustentadas, que sirvan para cambiar el comportamiento y el conocimiento de los estudiantes y que permitan observar resultados positivos en las personas a quienes estos otorguen sus servicios. En su artículo, estos investigadores delinean amplios dominios del aprendizaje, los procesos de enseñanza-aprendizaje, los productos del aprendizaje y los componentes de la enseñanza basada en evidencia. Para empezar, nos dicen que hay tres dominios del aprendizaje: cognitivo, afectivo y psicomotor. Una vez que se identifica el tipo de aprendizaje que se pretende, deben especificarse los productos específicos que se esperan, algunos de estos pueden ser:

- Las reacciones del estudiante
- La modificación de sus actitudes y percepciones
- La adquisición de conocimientos o habilidades
- El cambio en su comportamiento
- El cambio en las prácticas organizacionales
- Los beneficios en sus clientes (Hammick, 2000).

En el siguiente paso, para especificar un modelo de enseñanza-aprendizaje, hay que tomar el tipo de aprendizaje y el producto de este y enfocarse en cómo la enseñanza pudiera facilitar que el individuo reciba, aprenda y domine el nuevo conocimiento.

Algunas dimensiones para un modelo de enseñanza-aprendizaje de este tipo serían:

- Identificar a quien proporciona la educación
- Identificar la audiencia a la que va dirigida
- Identificar el resultado deseado
- Identificar los contenidos que deben aprenderse
- Reconocer las estrategias que pudieran facilitar el aprendizaje de los contenidos identificados
- Determinar la manera en que se evaluará el dominio de lo aprendido
- Comprender el impacto de las competencias aprendidas sobre los beneficiarios de los servicios del egresado (Stuart et al, 2004).

Este modelo llegó a influir en diversas organizaciones de profesionales, especialmente en el campo de la Medicina, que también iniciaba un movimiento para ofrecer servicios médicos basados en evidencia. Así, en 1999, la Asociación para la Enseñanza Médica en Europa solicitó a los profesores de medicina que tuvieran la iniciativa para promover una "educación médica basada en la mejor evidencia". Si revisamos esta investigación, los siguientes aspectos son los que sobresalen:

- La enseñanza en aislamiento que requiere que el alumno "repase" y memorice para pasar los exámenes, debe ser eliminada. Tales programas tienden a fortalecer un conocimiento de corta duración y un aprendizaje muy superficial. El conocimiento en desuso rápidamente se olvida.

- El ambiente en el que se aprende y el ambiente en el que se aplica lo aprendido deben ser lo más semejantes posible (a lo que se llama "aprendizaje contextual específico"). De preferencia, la adquisición y la aplicación del aprendizaje deben ocurrir al mismo tiempo.
- Los ejercicios para la aplicación del conocimiento adquirido, deben repetirse muchas veces y en diversas situaciones.
- Aunque muchas veces se supone que entre más se enseñe, más aprenden los alumnos, esto es equivocado y ha quedado desaprobado por la investigación empírica. Más bien, parece que se logra un aprendizaje óptimo cuando aproximadamente el 40% del tiempo disponible se dedica a la enseñanza y el restante 60% al estudio individual.
- Los maestros deben enfocarse en un aprendizaje basado en problemas (inquiry = indagación de soluciones), ya que la adquisición de conocimientos mediante el enfrentamiento de un problema profesional conduce a un conocimiento más accesible.

En Inglaterra, el libro de Geoff Petty "Teaching Today: a practical guide" (2004) se convirtió en un texto influyente y en un best selling. Su libro más reciente "Evidence Based Teaching" (2006) sigue por el mismo camino. Petty nos dice que hay dos formas para que los maestros mejoren su enseñanza: (1) auto-supervisarse para ver en que están mal y en qué están bien o (2) activar los factores principales que hacen la gran diferencia en el aprendizaje de sus estudiantes. La investigación nos muestra que estos son:

- El Aprendizaje Activo.- Disponga para sus estudiantes actividades que les resulten un reto y en las que tengan que esforzarse, usted supervise su aprendizaje.
- El Feedback.- Los estudiantes necesitan información respecto a lo que están haciendo bien, sobre cómo mejorar. El maestro puede dar este feedback, pero también se lo pueden dar los mismos estudiantes.

¿Cómo es que sabemos que el aprendizaje activo y el feedback tienen un enorme efecto sobre el logro de los estudiantes? Petty cita el trabajo del profesor John Hattie, quien sintetizó cerca de medio millón de los reportes de investigación sobre los métodos de enseñanza más efectivos. Se trata de la más grande y más autorizada revisión de la investigación sobre la educación en el salón de clases. Él concluye que los factores que hacen que aprendan mejor los estudiantes son la actividad de los alumnos dirigida hacia metas que les sean un reto y el feedback informativo acerca de cómo están ejecutando.

Los siguientes son siete principios basados en la evidencia para mejorar la enseñanza, fueron tomados del libro de Petty (2006). Los principios se sobreimponen y deben tomarse como un todo:

1. Los estudiantes deben ver el valor de lo que aprenden. Hay que persuadirlos de que las

metas son de utilidad y que llegar a dominarlas es algo sensacional.

2. Los estudiantes deben estar convencidos de que pueden logarlo. Ellos tienen el control de los factores necesarios: esfuerzo, práctica, búsqueda de ayuda, etc. No importan otras cosas, como el talento innato o el cociente intelectual, etc.

3. Metas incitantes y retadoras. Esto es fundamental. Las metas deben involucrar actividades de los alumnos sobre métodos constructivistas, deben involucrar su razonamiento y creatividad. Debe haber una alta tasa de participación, todos deben trabajar. Hacer la convivencia variada y divertida es de gran ayuda.

4. Feedback y diálogo conforme se progrese hacia la meta. Los alumnos necesitan información continua sobre su ejecución, esta puede provenir del diálogo entre ellos o con el profesor durante la clase, también se puede desprender de los resultados de los exámenes y de las observaciones del personal de la escuela.

5. Establecer la estructura de la información y de su significado. Esto se refiere a las relaciones entre los conceptos. Dejar el bosque para revisar los árboles y enfatizar el significado de lo que se está aprendiendo. Los estudiantes deben estar pendientes de los aspectos principales, de los principios fundamentales, del propósito de las lecciones y de cómo se relacionan unas con otras y con el tema principal. La enseñanza de ir de lo conocido a lo desconocido, de lo concreto a lo abstracto. Al

enseñar, primero hay que dar la estructura, luego agregar los detalles.

6. Tiempo y repetición. Los alumnos necesitan al menos 6 encuentros con las nuevas ideas. Necesitan ver estas ideas en múltiples contextos (ejemplos y no-ejemplos de los conceptos), múltiples perspectivas (ver lo que están aprendiendo desde diferentes ángulos) y múltiples representaciones (representaciones del cerebro izquierdo y del cerebro derecho).

7. Enseñar habilidades al igual que contenidos. Si el maestro se da la oportunidad de enseñarle a sus alumnos importantes habilidades para estudiar y para pensar, integradas a su clase, mejorará considerablemente el logro de estos.

Regresando a lo que ocurre en el continente americano, en años muy recientes encontramos opiniones como la que afirma que la evaluación del desempeño de los estudiantes respecto a la consecución de los resultados esperados de su aprendizaje, debería considerarse como una investigación basada en evidencia, orientada a los procesos de enseñanza y de aprendizaje.

Esto es lo que nos dice el Doctor Bill Hill, director del Centro para la Enseñanza y el Aprendizaje de Excelencia de la Universidad Estatal de Kennesaw, durante la Conferencia de Liderazgo Educativo realizada en el año del 2006, durante la sesión dedicada a la evaluación de los estudios de licenciatura. Además, añade "Quisiera que empezáramos a pensar en una supervisión de la misma forma que la APA (American Psychological Association) ve a la terapia basada en evidencias. Obtener y utilizar la evidencia del aprendizaje de los estudiantes es un recurso más valido que solo preguntarles si les gustan las materias o los programas de estudio que están cursando, pues bien podrían estar contentos, pero no estar aprendiendo nada".

Hill, en esa ocasión, resumió la propuesta de un modelo de estándares de calidad para los actuales programas de licenciatura en psicología, misma que desarrolla en colaboración con los Doctores Dunn, McCarthy, Baker y Halonen. Este modelo sugiere evaluar los programas de licenciatura en psicología y considerarlos bajo las siguientes categorías: subdesarrollados, desarrollados, efectivos y sobresalientes.

El modelo se enfoca sobretodo en ver si las escuelas cuentan con un programa y una planificación adecuada para evaluar formalmente los logros de los estudiantes a partir de datos relevantes y si esta información se emplea para mejorar los programas de estudio y el diseño de las materias. Si estas herramientas están ausentes en una escuela, el modelo la califica como subdesarrollada, pero si se cuenta con un recurso de este tipo y la evaluación es continua, vigorosa y concensuada, la calificación de la escuela es de sobresaliente.

Si bien otras disciplinas están buscando igualmente una supervisión de su enseñanza basada en la evidencia, la psicología es la única disciplina que ha auspiciado un Congreso específico sobre los temas de la supervisión y la práctica de la excelencia, la "2002 Measuring Up: Educational Assessment Challenges and Practices in Psychology". El Doctor Hill, finalmente se refirió a la Guía Cibernética para los Logros y Metas en el Aprendizaje de las Licenciaturas en Psicología (disponible en el sitio www.apa.org/ed/guide_outline.html) (Packard, 2006).

Esta guía se encuentra concretamente referida en Munsey (2006) y fue aprobada en la Convención Anual de la APA del 2006, proporcionando a los departamentos de psicología una lista de 10 logros a conseguir por los estudiantes de licenciatura. "Estas metas permiten un marco para la evaluación de la calidad de los currículos", nos dice la Doctora Jane Halonen, Directora del Comité de Fuerza de Tarea sobre temas Educativos vinculados a las principales Competencias en Psicología. Se trata de un conjunto de estándares de calidad.

Las metas están divididas en dos grandes áreas: (1) el conocimiento, las habilidades y los valores congruentes con la ciencia y la aplicación de la psicología, y (2) el conocimiento, las habilidades y los valores congruentes con la educación de las profesiones libres, como son la cultura general y las habilidades de comunicación.

Otro de los miembros de esta Fuerza de Tarea, el Doctor Hill Buskist, Profesor de la Universidad de Auburn, se refiere a estas metas como el "ideal" de las escuelas de psicología en su ofrecimiento de programas de licenciatura.

El primer grupo de metas, relacionadas con la ciencia y la aplicación de la psicología son:

- La comprensión básica de los principales conceptos de la psicología, sus perspectivas teóricas, sus hallazgos empíricos y sus desarrollos históricos.
- Un conocimiento práctico de lo que es el diseño experimental y la habilidad para aplicarlo.
- La habilidad de pensar críticamente, con creatividad, y si es posible, utilizar un enfoque científico para resolver problemas relacionados con el comportamiento y los procesos mentales.
- Entender la manera en que se aplica la psicología en sus diversas áreas, en la vida personal, en la educación y en otras situaciones de la realidad.
- El apego a valores como la obligación de actuar éticamente y la habilidad para tolerar la ambigüedad, cuando se enfrenten a situaciones complejas.

El segundo grupo de metas relevantes a la enseñanza de las profesiones libres y en relación con la psicología, incluyen:

- Un conocimiento informático y tecnológico, sobre cómo usar la computadora para presentar información gráfica, manejar el correo electrónico y capturar información.

- Adquirir una habilidad de comunicación efectiva, para hacer presentaciones orales o para redactar documentos.
- La habilidad para identificar, comprender y respetar la complejidad de la diversidad.
- Un buen "auto-control", con la habilidad de programarse metas y cumplir las obligaciones.
- Entender las opciones profesionales dispuestas para los estudiantes de psicología y la habilidad para planear sus propias metas profesionales.

Es tiempo, pues, de que la evaluación estricta del aprendizaje no solo sea parte de un ciclo de acreditación y se convierta en un recurso continuo de mejoramiento.

## BIBLIOGRAFIA.

Arredondo V. A. (1975) Nuevas Técnicas de la Enseñanza. Enseñanza e Investigación en Psicología, 1, 1, 5-12

Brothen T., Wambach C., & Hansen G (2002) Accommodating students with disabilities: PSI as an example of universal instructional design. Teaching of Psychology, 29(3), 239-240

Brookfield S. (1995) Adult learning: an overview. www3.nl.edu/academics/cas/ace/facultypapers/StephenBrookfield_AdultLearning.cfm

Burton J. K., Moore D. M., & Magliaro S. G. (2004) Behaviorism and instructional technology. Lawrence Erlbaum Associates, Publishers, Mahwah, NJ: US.

Eppler M. A., & Ironsmith M. (2004) PSI and distance learning in a developmental psychology course. Teaching of Psychology, 31(2), 131-134

Fox E. J. (2004) The personalized system of instruction: A flexible and effective approach to mastery learning. Elsevier Academic Press, San Diego, CA, US.

Hammick M. (2000) Interprofessional education: evidence from the past to guide the future. Medical Teacher, 22(5), 461-467

Keller F. S. (1968) "Good-bye, teacher..." Journal of applied behavior analysis, 1(1), 79-89

Keller F. S. (1974) Ten years of personalized instruction Teaching of Psychology, 1(1), 4-9

Keller F. S. (1985) Lightning strikes twice. Teaching of Psychology, 12(1), 4-8

McCrea R. (1976) Behaviorism Moves South: The Skinnerian Movement in Latin America. www.aliciapatterson.org/ APF001975/McCrea/McCrea07/McCrea07.html

Munsey Ch. (2006) Knowing what to teach, and assessing what's been taught: New guidelines List goals and learning outcomes for psychology majors. Monitor on Psychology, 37(10), 32

Packard, E. (2006) Education leadership Conference: Educators advised to use evidence-based assessment. Monitor on Psychology, 37(10), 36

Petty G. (2004) Teaching Today: a practical guide. Nelson Thornes Publisher.

Petty G. (2006) Evidence Based Teaching. Nelson Thornes Publisher.

Stuart G. & Tondora J., et al (2004) Evidence-based teaching practice: Implications for behavioural health. Administration and Policy in Mental Health, 32, 107-30

Tustin K. & Barton D. (2003) Models of adult learning: A literature review. National Research and Development Centre for Adult Literacy and Numeracy.

# 10

## ENSEÑANZA Y EDUCACIÓN SUPERIOR. REFLEXIONES SOBRE CALIDAD Y DOCENCIA

Neiber Maldonado Suárez

### INTRODUCCIÓN

Aun cuando la oferta y cobertura de educación superior se ha diversificado, los desafíos que tiene por delante son diversos. Joan Ruè Domingo (2015) identifica como principales elementos de cambio en las universidades: a) la masificación de estudiantes, profesores, grados académicos, titulaciones, universidades, niveles de formación, publicaciones y costos, b) la movilidad de información, de estudiantes, de contactos e intercambios globales, c) las expectativas depositadas en la satisfacción de mayores necesidades, aspiraciones, nuevos campos de profesionalización, mejores herramientas, acceso a otros niveles de formación y mayores posibilidades de empleo.

A esto, se suma el impacto reciente de las tecnologías de la información y la comunicación en la educación, que ha llevado a alertar sobre la posibilidad de que las universidades, tal como se constituyen en la actualidad, comiencen a desaparecer, para ceder su lugar a los servicios de distribución de conocimiento en línea.

Ante este panorama, son varias las interrogantes que surgen: ¿Cómo pueden dar respuesta las universidades a los desafíos del mundo contemporáneo? ¿Qué deben hacer para mantenerse vigentes?

## MASIFICACIÓN DE LA EDUCACIÓN SUPERIOR

Actualmente en México, se ofrecen de manera legal, más de 30,000 programas de licenciatura, en cerca de 3,000 Instituciones de educación superior. La matrícula de educación superior, pasó de 2 millones en el ciclo 2000-2001 a 4.4 millones en el ciclo 2017-2018; esto significa un crecimiento de 156,000 alumnos en promedio por año en el último lustro (Comités Interinstitucionales para la Educación Superior, CIEES, 2018).

Pese a que las estadísticas son alentadoras, hay un tema que aún no se resuelve: el de la calidad educativa. Aun cuando instituciones como el Consejo Nacional de Ciencia y Tecnología (CONACYT), la Federación de Instituciones Mexicanas de Educación Superior (FIMPES), el Centro Nacional para la Evaluación de la Educación Superior (CENEVAL), el Consejo Para la Acreditación de la Educación Superior (COPAES) y los Comités Interinstitucionales para la Educación Superior (CIEES), son instancias que tiene como objetivo evaluar y acreditar la calidad educativa, únicamente 5,000 de los 30,000 programas de educación superior, son programas acreditados (CIEES, 2018).

Por otra parte, la necesidad de ampliar la cobertura en educación superior, aunado a la falta de organismos reguladores en las entidades, ha provocado que se abran de manera periódica, instituciones de iniciativa pública como privada, que ofrecen licenciaturas y posgrados, sin que cuenten con la experiencia y los recursos para garantizar la calidad educativa.

En este contexto, las instituciones de educación superior, antes de someter sus programas a las instancias acreditadoras de la calidad educativa, deben desarrollar lineamientos que permitan: a) socializar entre el alumnado y profesorado el modelo educativo como la filosofía institucional que da soporte a sus programas de enseñanza, b) revisar que sus planes de estudios atiendan las necesidades educativas de su estudiantado y c) desarrollar un modelo de formación para sus docentes, que les permita tener claridad sobre qué se tiene que enseñar y de qué manera.

## LA CALIDAD EDUCATIVA

La calidad educativa es un tema que continúa abriendo debates. Sin embargo, es posible acotar como indicadores de calidad educativa relevantes en una universidad: su infraestructura, sus programas de estudio, sus métodos de enseñanza, así como sus políticas educativas (Latapí, 2007).

Por su parte, las instancias acreditadoras de la calidad educativa, centran su atención en los indicadores que permitan asegurar que un programa educativo cumple con la pertinencia, relevancia, calidad, así como su visión y objetivos que se plantearon al momento de su creación. Además, vigilan los procesos relacionados con la formación de recursos humanos; para ello, dan seguimiento a las actividades educativas, extra-académicas, de investigación, culturales y de extensión de una institución universitaria (Consejo Para la Acreditación de la Educación Superior, COPAES, 2019).

En este contexto, para observar la calidad educativa de las instituciones de educación superior, es necesario conocer la configuración del sistema universitario en México. Los Comités Interinstitucionales de la Educación Superior, A.C. (CIEES), identifican los subsistemas de educación superior que se observan en la tabla 10.1.

| |
|---|
| Programas ubicados en Instituciones de Educación Superior muy grandes, muy variados, algunos con orientaciones hacia la investigación, con una planta grande de profesores de tiempo completo. |
| Programas en Instituciones de Educación Superior pequeñas, de control particular, sin profesores de tiempo completo |
| Programas con enfoques profesionales (profesionalizantes) |
| Programas con enfoques disciplinarios (no profesionalizantes) |

| |
|---|
| Programas enfocados al desarrollo tecnológicos y ligados al sector productivo |
| Programas con fuerte enfoque a la investigación |
| Programas con enfoque exclusivamente a la docencia sin formar en investigación |
| Programas impartidos en modalidades escolar, mixta y no escolarizada. |

**Tabla 10.1** Diversidad de los programas educativos que se ofertan en la Educación Superior en México (CIEES, 2018)

La tabla 10.1, permite identificar los enfoques, las orientaciones, las modalidades, como el control (público o privado) de los programas educativos de tipo superior que se ofrecen en el país. Para los fines del presente apartado, me interesa describir grosso modo, el inicio de operaciones de los programas educativos de control privado como público, para identificar sus mecanismos relativos a la calidad educativa.

Para que una institución de iniciativa privada pueda ofrecer un programa de estudios de tipo superior, debe cumplir con requisitos académicos, legales y de infraestructura, que son evaluados por las autoridades educativas estatales o federales, con base en las normas de educación superior vigentes, para determinar su validez a través del Reconocimiento de Validez Oficial de Estudios (RVOE), que significa la autorización legal para impartir dichos estudios.

En el caso de las instituciones de educación superior públicas y autónomas, las escuelas, institutos o facultades, realizan las propuestas para la creación de los programas de estudios que se consideran pertinentes, y el consejo académico, integrado por las autoridades universitarias, con base en las normativas institucionales, autoriza su creación como la asignación de recursos para su operación.

Una vez creados los programas académicos, tanto de las instituciones públicas como las privadas, los mecanismos para asegurar la calidad de estudios, toman caminos diversos. Las universidades públicas, como aquellas de iniciativa privada con mayor trayectoria y matrícula, cuentan con recursos específicos destinados a incidir en la calidad educativa. En este sentido, disponen de docentes de tiempo completo, que conocen con mayor profundidad los programas de estudios como la filosofía institucional, y por lo tanto, se pronostica que tendrán mayores posibilidades de orientar al alumnado para cumplir con el perfil formativo que se espera de ellos.

Además, el trabajo académico que realizan los grupos colegiados y de investigación, deberían de contribuir a la producción de conocimientos que permita actualizar y revisar de manera constante la vigencia y pertinencia de los programas educativos. Por otra parte, al contar con recursos humanos asignados a tareas específicas de enseñanza e investigación, es posible convocar a programas y seminarios de formación y actualización docente para reflexionar y compartir las diversas visiones que se tienen al interior de un programa de licenciatura o posgrado, en relación con los objetivos curriculares, los métodos de enseñanza y las expectativas de egreso del alumnado. Sin embargo, aun cuando las universidades públicas y las de mayor matrícula cuentan con más posibilidades para asegurar la calidad educativa, no significa necesariamente que enfoquen sus esfuerzos para cumplir con los estándares de calidad. Los conflictos sindicales y laborales, los grupos de poder que se forman al interior, así como las malas prácticas relacionadas con la uso de los recursos, entre otros factores, se convierten en un obstáculo para el trabajo educativo.

Por otra parte, las instituciones de educación presentan mayores limitaciones, que no impedimentos, para asegurar la calidad educativa. Al no contar con recursos específicos para el trabajo académico, no pueden contratar investigadores o docentes de tiempo completo. En este contexto, es usual que se presente una alta prevalencia en la rotación de su profesorado. En consecuencia, la filosofía institucional como el modelo educativo que da soporte al programa de estudios, no siempre puede seguirse a cabalidad.

Ante este escenario, ¿Qué caminos pueden seguirse para asegurar la calidad educativa?

## LA CALIDAD EDUCATIVA CENTRADA EN LAS PERSONAS

En el apartado anterior, señalé que aun cuando las universidades públicas como las de mayor matrícula, tienen más posibilidades para asegurar la calidad educativa, esto no significa que centren su atención en lograrlo. Por otra parte, pese a que las instituciones con matrícula baja como las privadas, se encuentran con limitaciones para generar condiciones para la calidad educativa, esto no representa una condicionante para su alcance.

En este sentido, Pablo Latapí (2007) propone centrar la calidad educativa en el plano de lo micro, esto es: "en la interacción personal y cotidiana del maestro con el alumno y en la actitud que éste desarrolle ante el aprendizaje". Para lograrlo, en Reflexiones para la calidad en la educación, plantea que toda enseñanza que aspire a la calidad, debe tener cuatro rasgos: a) el carácter, b) la inteligencia, c) los sentimientos y d) la libertad (Latapí, 2002).

### a) El carácter

Una educación de calidad debe incidir en el carácter del alumnado, entendido como:

> (...)valores, principios, hábitos y maneras de ser de las personas; expresa la asimilación consciente de que la vida conlleva un imperativo de autorrealización y una aceptación del esfuerzo como necesario, lo que suele traducirse en una disciplina en el uso del tiempo y frecuentemente en una capacidad para organizar las actividades propias y las de los demás" (Latapí, 2002:43).

Para el filósofo, el trabajo educativo no debe limitarse a la transmisión de los conocimientos propios de cada profesión, además, debe estar acompañado de una intención transformadora: quien aprende, no solo memoriza; busca el sentido que orienta su vida. "Así transformará la información en conocimiento y el conocimiento en sabiduría: habrá aprendido a vivir" (Latapí, 2002:43).

### b) La inteligencia

Las instituciones universitarias centran sus esfuerzos, principalmente en el desarrollo de conocimientos. Sin embargo, dada la diversidad de opciones educativas, no queda claro el modo en que lo hacen. El filósofo, propone que toda persona que atraviese un proceso educativo, debe desarrollar su inteligencia, por lo menos, en los niveles que demande la sociedad de su tiempo (Latapí, 2002).

Para lograrlo, señala que la inteligencia debe educarse en tres dimensiones. La primera consiste en desarrollar los conocimientos generales necesarios para ubicarse en el mundo, es decir, adquirir lo que usualmente se llama cultura general.

La segunda dimensión comprende el desarrollo de las destrezas intelectuales para la abstracción, el razonamiento lógico, el análisis, la síntesis, la relación, la inducción y la deducción. Por último, sostiene que todo proceso educativo, debe procurar desarrollar conocimientos especializados, que permitan a las personas desempeñar trabajos productivos (Latapí, 2002).

### c) Los sentimientos

Los programas de estudios establecen criterios, principalmente, para el desarrollo del conocimiento. Poco plantean sobre las emociones. Por eso, Latapí reflexiona sobre la relación que se establece en la filosofía griega entre la inteligencia y los sentimientos. Los griegos utilizaron el vocablo metis, para designar al conjunto de actitudes y sentimientos que acompañan al pensamiento (Latapí, 2002).

Además de las funciones principales del razonamiento lógico, la inducción o la deducción, los griegos consideraban que en el proceso educativo intervenía la imaginación, la sagacidad, la exigencia de precisión, el sentido de oportunidad o el valor para manejar el absurdo (Latapí, 2002).

A partir de lo anterior, el filósofo plantea que existe una condición afectiva del pensamiento, que permite que las disposiciones afectivas individuales – simpatías, antipatías, prejuicios o deseos- influyan en que se atiendan más unos argumentos y se desatiendan otros. En este sentido, los procesos educativos deben insistir en la toma de conciencia en esto (Latapí, 2002).

Por otra parte, la educación de los sentimientos comprende el cultivo de la imaginación y la creatividad, el desarrollo de la intuición, la modulación de la sensibilidad y la educación para la compasión. A esto último, Latapí se refiere como "sentido humano", es decir, a la capacidad de ser empáticos con la desgracia ajena, de indignarnos ante la injusticia o de desprendernos de lo que tenemos para darlo a quien lo necesita (Latapí, 2002).

## d) La libertad

El último rasgo para comprender la buena educación alude a la formación para la libertad. Por ello, el autor de La investigación educativa en México señale la importancia de "educar para la libertad posible y para la libertad responsable es finalidad ineludible de una buena educación; por ella nos instalamos en el mundo ético, donde nos construimos a nosotros mismos y construimos con otros la sociedad" (Latapí, 2002:45).

Pese a que la formación universitaria constituye la antesala para la vida profesional, Latapí propone que, antes de aspirar a los estándares oficiales y normativos para la calidad educativa, es necesario que el docente y el alumno regresen a lo esencial: que el profesor señale los errores y explique el sentido de cada corrección, que le ayude a comprender que hay mejores maneras de utilizar el lenguaje, que le inculque un hábito razonable de autoexigencia, que le enseñe el sentido de la compasión, la solidaridad, el respeto, la honestidad, la sensibilidad a lo bello, la lealtad, la búsqueda de justicia, la capacidad de indignación y en ocasiones al perdón (Latapí, 2007).

## DOCENTES UNIVERSITARIOS

En el Sobre el porvenir de nuestras escuelas Nietzsche escribía sobre el aumento de universidades en su tiempo "casi por doquier existe un número tan exagerado de escuelas superiores, que continuamente se necesitan un número de profesores infinitamente mayor del que la naturaleza de un pueblo, aunque esté notablemente dotado, está en condiciones de producir" (Nietzsche, 2000:92)

En la actualidad, ante la demanda de educación superior en el país, las opciones educativas se han diversificado. Esto ha significado la necesidad de contar con recursos humanos especializados en los diversos programas educativos, para ejercer labores de docencia. Las universidades públicas dan respuesta a la demanda de docentes a través de mecanismos de promoción, así como convocatorias para concursar por las plazas docentes.

La mayor demanda de docentes se centra en las instituciones de educación superior privadas, pues concentran 22,537 programas educativos, de los 37,953 que se ofertan en el país (CIEES, 2018). Para satisfacer la demanda, se han abierto las convocatorias a profesionistas que cuenten con título o cédula profesional y que tengan experiencia laboral en su campo de formación. Sin embargo, quienes se postulan para estos puestos, no necesariamente tiene experiencia docente.

Ante este panorama, Joan Rué Domingo (2015) cuestiona ¿de qué manera decenas de miles de profesionales pueden desarrollar una función compleja, como la docente, sin otra experiencia referente que haber sido alumnos de éxito en un contexto transformado en muchos de sus rasgos y hacerlo eficientemente, de acuerdo con las nuevas necesidades?

Aun cuando la respuesta se ubica en los programas de formación docente que deben implementar las universidades, para dar a conocer al profesorado: a) los enfoques y modelos contemporáneos de enseñanza y aprendizaje, b) las estrategias de comunicación del conocimiento, c) la didáctica, d) la evaluación de los aprendizajes y e) la investigación y desarrollo del conocimiento, es fundamental reflexionar sobre la condición individual del docente.

## DOCENTES: SU ESENCIA Y MISIÓN

En 1939, Julio Cortázar en su texto Esencia y misión del maestro, hizo un llamado a quienes estaban por iniciar su carrera como docentes. El escritor argentino escribió, sobre el trabajo docente: "ser maestro significa estar en posesión de los medios conducentes a la transmisión de una civilización y una cultura: significa construir (…) el panorama cultural necesario para capacitar su ser en el nivel social contemporáneo y a la vez estimular todo lo que en el alma (…) haya de bello, de bueno, de aspiración a la total realización" (Cortázar, s.f.).

Para Cortázar, el maestro debía acceder a la cultura mediante un largo estudio, tanto del exterior como de sí mismo. En su texto, el intelectual argentino sostuvo que la mejor prueba de que un persona ha accedido a la cultura, se manifiesta cuando "es capaz de reconocer el mundo en su máxima amplitud, cuando los problemas menudos dejan de tener consistencia; cuando se descubre que lo cotidiano es lo falso, y que solo en lo más puro, lo más bello, lo más bueno, reside la esencia de lo que se busca" (Cortázar, s.f.).

Por su parte, el escritor mexicano Juan Villoro (2016), en su texto Clases para abrir los ojos escribe sobre la figura del poeta Enrique González Rojo, quien fue su maestro durante su formación universitaria, para señalar las tres cualidades de, lo que él llama, el gran maestro.

Las cualidades que destaca el escritor son: la solvencia intelectual en el campo del conocimiento, la destreza expositiva y la interpretación personal de las ideas. Estas condiciones -escribe- contribuyen en la formación de personas críticas, toda vez que no solo se limitan a absorber y reproducir las ideas y libres, toda vez que estimulan las cualidades para la discusión y el debate de ideas (Villoro, 2016).


ESTUDIANTES

El escritor sudafricano J.M. Coetzee, en su novela Desgracia, relata un momento en la vida de un profesor universitario. Ante la falta de comprensión del alumnado sobre las preguntas que realiza en su clase, escribe:

> (...) hace ya tiempo que dejó de sorprenderse ante el grado de ignorancia de sus alumnos. Postcristianos, posthistóricos, postalfabetizados, lo mismo daría si ayer hubieran roto el cascarón (...) lo que si espera es una ronda de disparos a ciegas, de suposiciones hechas con buena intención, que con suerte, él podrá guiar hasta que acierten con la diana (Coetzee, 2007:45)

Aun cuando parece un exceso, esta escena es constante en las aulas universitarias. Sobre esto, Paula Nájera, docente universitaria en la Universidad de Guanajuato, escribe "creemos, inocentemente que los alumnos llegan a la universidad listos a obtener su licenciatura para trabajar, para hacerse doctos en un área específica y porque en su educación posterior tuvieron la suficiente instrucción para ello" (Nájera, 2017).

Tanto en la educación media básica, media superior y superior, la lectura ha dejado de ser una tarea fundamental en el aprendizaje: cada vez se asignan menos textos, no se leen libros completos y el acceso a fuentes poco confiables en internet, provoca que el estudiantado consuma información poco fidedigna y que su nivel de conocimiento se encuentre por debajo de la media.

Ante esto, Nájera hace un llamado para que el profesorado estimule la lectura y escritura en las aulas con el fin de que una vez egresados, tengan los elementos mínimos para aspirar a puestos directivos y de toma de decisiones (Nájera, 2017).

## LOS DESAFÍOS

Asegurar la calidad educativa es una tarea que tiene múltiples aristas: comprende la infraestructura y los recursos con que cuenta una universidad, la vigilancia de la actualidad y pertinencia de sus programas educativos, las estrategias para la atracción y formación del profesorado, así como las actividades formativas y de investigación para el alumnado. Por ello, para hacer frente a los desafíos de la educación superior, es preciso reflexionar sobre algunos aspectos.

La universidad, hoy más que nunca, tiene como tarea poner sobre la agenda los temas que nos preocupan de manera constante. Los caminos para la transformación social devienen de la reflexión, el análisis y las miradas críticas, que finalmente se traducen en propuestas para plantear nuevos respuestas ante las exigencias que van surgiendo.

Por ello, las instituciones de educación superior, tienen el reto de dejar de ser aquellas instituciones relegadas de la realidad, para transformarse en un espacio dinámico, cuyas miradas atiendan a los problemas que atañen a la vida cotidiana.

La docencia universitaria entonces, ha de confluir ante estas nuevas posibilidades: su camino es intentar trascender los temarios, prescindir del aprendizaje meramente conceptual, para transitar hacia una formación del pensamiento, cuya principal tarea consiste en explorar las posibilidades del conocimiento, como una forma para dar nuevas respuestas a las demandas de la realidad. En las aulas, docentes y estudiantes deben volver a la lectura, como acto de descubrimiento, toda vez que permite mirar la realidad desde nuevas posibilidades.

Quienes nos dedicamos a la docencia, tenemos el compromiso de dejar a un lado la simulación en las aulas e intentar incidir en la formación de nuestro pensamiento y por consecuencia, en el pensamiento del estudiantado. Para lograrlo, Pedro Salazar Ugarte (2016) nos invita a fomentar el debate, la discusión y la discrepancia, como ejercicios de la libertad de expresión en la vida académica.

Por último, el músico Jorge Torres Sáenz (2016) hace un llamado para que las instituciones de educación superior restituyan el pensamiento crítico y el valor de la cultura teórica, toda vez que representan algunos caminos para revitalizar el pensamiento.

## BIBLIOGRAFÍA

Coetzee, J. (2007). Desgracia. México, D.F. México: Mondadori.

Comités Interinstitucionales para la Educación Superior (2018). Perspectivas y retos de la educación superior en México. Recuperado el 05 de marzo de 2019 de https://ciees.edu.mx/perspectivas-y-retos-de-la-educacion-superior-en-mexico/

Consejo Para la Acreditación de la Educación Superior, (2019). ¿Qué es COPAES?. Recuperado el 05 de marzo de 2019 de https://www.copaes.org/identidad.php

Cortázar, J. (s.f.) Escencia y misión del maestro. Recuperado el 15 de febrero de 2019 de http://www.psi.uba.ar/academica/carrerasdegrado/profesor ado/sitios_catedras/902_didactica_general/materIal/bibliot eca_digital/carta_cortazar_estudiantes.pdf

Latapí, P. (2002). Una buena educación: reflexión sobre la calidad. En C. Ornelas (Ed.). Valores, calidad y educación (pp. 41-50). D.F., México: Santillana

Latapí, P. (2007). Conferencia magistral al recibir el doctorado Honoris Causa de la Universidad Autónoma Metropolitana. Perfiles Educativos, 29 (115), 113-122.

Nájera, P. (2017). Como leen los universitarios. Recuperado el 25 de febrero de 2019 de http://www.lja.mx/2017/08/leen-los-universitarios-alegorias-cotidianas/

Nietzsche, F. (2000). Sobre el porvenir de nuestras escuelas. Barcelona, España: Tusquets.

Ruè, J. (2015). El desarrollo profesional docente en Educación Superior: agenda, referentes y propuestas para su adopción. Recuperado el 01 de marzo de 2019 de https://polipapers.upv.es/index.php/REDU/article/view/546 1

Salazar, P. No es lo mismo afirmar que replicar. Recuperado el 26 de febrero de 2019 de https://www.eluniversal.com.mx/autor-opinion/articulistas/pedro-salazar-ugarte

Torres, J. Lo que ha ocurrido ayer en los Estados Unidos parece producir sorpresa y desasosiego…, recuperado el 09 de noviembre de 2016 dehttps://www.facebook.com/profile.php?id=100006877654287

Villoro, J. (2016). Clases para abrir los ojos. Recuperado el 01 de mayo de 2016 de https://www.etcetera.com.mx/opinion/clases-para-abrir-los-ojos/

## SOBRE LOS AUTORES

Jaime Ernesto Vargas Mendoza, Presidente fundador de la Asociación Oaxaqueña de Psicología. Encargado del servicio de psicología médica del Hospital General de Zona N° 1, del Instituto Mexicano del Seguro Social IMSS, Oaxaca.

Heriberto Alejandro Zárate Ochoa, licenciado en Psicología por la Universidad Regional del Sureste y encargado del proyecto editorial de la asociación oaxaqueña de psicología A.C.

www.ingramcontent.com/pod-product-compliance
Lightning Source LLC
Chambersburg PA
CBHW051343280526
45784CB00007B/2793